APRENDER E ENSINAR COM TEXTOS

VOLUME
8

LITERATURA JUVENIL EM QUESTÃO

Aventura e desventura de heróis menores

Dados Internacionais de Catalogação na Publicação (CIP)
(Câmara Brasileira do Livro, SP, Brasil)

Souza, Malu Zoega de
Literatura juvenil em questão : aventura e desventura de heróis menores / Malu Zoega de Souza. – São Paulo : Cortez, 2001 – (Coleção aprender e ensinar com textos, v. 8)

ISBN 85-249-0791-6

1. Literatura infanto-juvenil – História e crítica I. Título. II. Série.

01-2139 CDD-809.89282

Índices para catálogo sistemático:

1. Literatura juvenil : História e crítica 809.89282

APRENDER E ENSINAR COM TEXTOS

Coord. Geral: Adilson Citelli • Ligia Chiappini

VOLUME
8

LITERATURA JUVENIL EM QUESTÃO

Aventura e desventura de heróis menores

Malu Zoega de Souza

CORTEZ EDITORA

LITERATURA JUVENIL EM QUESTÃO: aventura e desventura de heróis menores
Maria Lúcia Zoega de Souza

Capa: DAC
Preparação de originais: Dirceu Scali Jr.
Revisão: Maria de Lourdes de Almeida
Composição: Dany Editora Ltda.
Coordenação editorial: Danilo A. Q. Morales

Direitos para esta edição
CORTEZ EDITORA
Rua Bartira, 317 — Perdizes
05009-000 — São Paulo-SP
Tel.: (11) 3864-0111 Fax: (11) 3864-4290
e-mail: cortez@cortezeditora.com.br
www.cortezeditora.com.br

Impresso no Brasil — maio de 2001

Sumário

Apresentação

A questão da leitura e do leitor passa a ter lugar específico no universo dos estudos literários quando é, digamos, juramentada pela chamada "estética da recepção". Assim, muitas abordagens de textos também passam a ser desenvolvidas a partir do reconhecimento, pelos estudiosos, de uma perspectiva individualmente assumida. Isso resulta em maior diversidade de manifestações a respeito de uma obra, sem que seus leitores se sintam caudatários do beneplácito ou do descrédito de um juízo prévio, assentado em protocolo preestabelecido. E, ao expor-se desse modo o olhar do estudioso, também se evidencia sua responsabilidade, visto sua liberdade em face da obra passar a depender, mais do que nunca, dos limites de sua própria visão sobre os possíveis textuais.

Essas considerações, elementares para quem se dedique ao estudo da literatura e das artes em geral, são evocadas aqui pelo livro *Literatura juvenil em questão: aventura e desventura de heróis menores*, de Malu Zoega de Souza. Parto, então, do óbvio para refletir sobre o trabalho, mostrando, já de início, o lugar de minha fala, o ângulo de meu olhar. Um lugar que foi tão escolhido por mim quanto indicado pelo texto em questão.

Quanto à sua perspectiva, a autora se mostra, de pronto, estranhando o próprio objeto de análise, a literatura juvenil, que caracteriza como uma produção bastante mediada e, por isso, bem medida.

A leitura da análise textual realizada por Malu se torna mais interessante à medida que se constata como ela procura *mostrar-se* lendo, e pensa tanto nos leitores deste seu livro quanto naqueles das obras examinadas por ela. Ao mesmo tempo em que se dispõe a *"ler de viés"*, deixa que seu leitor acompanhe seus passos, num processo de atribuição de significados atento aos livros que examina, perspicaz na percepção de indícios textuais, seja para ler ao pé da letra (conforme os indícios dos textos e dos autores que examina, principalmente de Stella Carr e José Louzeiro), seja para ir além da intencionalidade consciente de quem os escreve.

Assim, *expõe-se* o diálogo da autora com os textos que estuda — tanto os juvenis atuais como os romances clássicos de aventura. E ela assume uma postura semelhante a que vi no escritor de Pixote: há um saber do autor que às vezes aparecerá fazendo ver (ou nos relembrando, uma vez que apela para nosso conhecimento da realidade) o que essa personagem (Dito) não pode ver. Leva, com isso, a perceber a *ignorância* das personagens de quem nos aproximamos — as crianças —, enquanto mostra, entre os adultos, o acordo do *silêncio*, indiciando o que isso significa.

Essa observação me leva a perguntar (da mesma forma que a autora pergunta a Louzeiro): Para quem ela se dirige? Quem é seu interlocutor? Quais suas expectativas em relação a ele? Supõe-se, pelo modo sistemático e claro como relata seus passos, que leve muito em conta seu leitor, pois procura ser compreendida, não parece elidir suposições, nem ocultar pistas, ao contrário, explicita-as tanto quanto pode. É generosa em compartilhar a própria leitura com seus possíveis leitores.

O fato de Malu expor seu modo de ler a outros leitores talvez alivie-lhes um tanto o desconforto ao conhecerem a história desse *Pixote*. Para mim, a leitura do romance se desenvolveu numa tensa provocação de conjeturas, relações, antecipações e rememorações de episódios em que o contraponto não é ficcional, mas delineado pela própria realidade. Os estereótipos, o maniqueísmo, a hostilidade do adulto para com a criança — os da ordem, contra os marginais —, tudo isso se apresenta num texto às vezes marcado pela pouca elaboração, o que pode levar o leitor mais exigente a desmerecer o livro de Louzeiro. Porém, os rebates de miséria humana fazem de seu texto um relato sem alívio, dão-lhe contornos de autenticidade e, como diria Mário Quintana, tornam-se difíceis de *desler*. Assim, por esses volteios da ficção, acaba-se deparando mais cruamente a própria realidade. Talvez esteja aí um dos maiores complicadores para quem se proponha a estudar o texto, pois terá que se colocar, tanto quanto possível, distante desse entrecruzamento ficção/realidade, sem ignorá-lo.

Nesse sentido, destaco um dos méritos do trabalho de Malu: apesar de uma postura declaradamente empática com relação a *Infância dos mortos*, ela não se acomoda no elogio ao livro, nem na denúncia feita pelo autor. Transforma isso em reflexão objetiva, fundamentada. Atenta ao detalhe, capta fragilidades e salienta sutilezas textuais, sem se perder em meandros. Na abordagem de *A Gang do beijo*, de *Eu, detetive*, de *Bem-vindos ao Rio* e de outros catalogados como juvenis, a empatia da autora esmorece. Verifica-se uma leitura mais apressada, impaciente talvez, na qual ela não esconde o desagrado com relação à história e às personagens, que valeriam pelo que representam. Concordo com sua observação de que se trata de tramas frágeis. E a leitura desses segmentos do trabalho se sustenta pelo contraponto com *Infância dos mortos*, que baliza todo o livro.

Enfim, delineia-se aí o perfil de quem, desde o início, vai-se caracterizando como mediadora de leitura: alguém que, deliberadamente, exerce a função de ponte entre um leitor virtual e um texto a ser lido por ele; não lê *para*, lê *com* ele; ilumina, com sua leitura, aspectos textuais, favorecendo outras leituras. E essa mediação é feita tendo em vista um leitor especial — o professor, mediador de leituras como ela. A propósito, a autora considera seu trabalho como amostra de leitura. Diz Malu que os jovens escolares talvez se identifiquem com os protagonistas de *A Gang*. Mas ela mesma está voltada menos para eles do que para os leitores professores de pré-adolescentes e adolescentes.

Sendo *A Gang* — não *Infância dos mortos* — opção de leitura na escola, haveria uma inversão de perspectiva na mediação, já que a ênfase da leitura da autora é posta em *Infância*. Assim, como mediadora, procura salientar a importância dos procedimentos de leitura e do reconhecimento das características textuais, à revelia de suas qualidades literárias e expectativas do leitor. Isso me leva a pensar em sua proposta de *leitura de viés*, de um ângulo diferenciado, desconfiado, diria eu também.

Essa observação tem algo a ver com a questão das *linhas de sombra:* "As existentes entre gêneros literários maiores e menores; entre literaturas maiores e menores; para leitores maiores e menores. Os caminhos claros, lineares, progressivos, parece que se fazem à custa do apagamento de uma face negra, tortuosa. Neles, a ausência de horizontes" (p. 33).

Nesse sentido, a escolha de *Infância dos Mortos* e *A Gang do beijo* é exemplar. Mas até que ponto as análises de um e outro, contrastadas com outros textos considerados juvenis, contribuiriam para clarear as indecisões quanto à literatura juvenil e sua mediação? Seria mesmo necessário esse esclarecimento mais do que a aceitação da dúvida? Seria função do mediador, tal qual o narrador nos textos de Louzeiro, "que ora se aproxima dos protagonistas (*Pixote*) ora se distancia (*A Gang*), ter uma postura facilitadora para a aproximação do leitor (supostamente) distante"?

Desde o subtítulo — *aventura e desventura* —, o trabalho é atravessado por dicotomias: "ficção/realidade", "mundo de cima/mundo de baixo", "literatura sem idade/literatura juvenil", "jovens da ordem/jovens marginais", "ordinário/extraordinário", "leitor adulto/leitor jovem", "professor/aluno".

Apesar das aparências, anunciando antagonismos, a cada momento se apresentam aspectos que tendem a diluir as oposições em possíveis contrastes, numa zona penumbrosa ou "na linha de sombra" a que se refere a autora. Daí a dificuldade de se esclarecer. Para tentar isso, há que freqüentar a dúvida, trilhar um caminho tortuoso, aliás, *"de viés"*.

É nesse trânsito, do confortável ao desconfortável, do acomodado ao desacomodado que podem se descobrir os leitores deste livro de Malu, ficando, então, impossibilitados de lê-lo impassivelmente. Até porque se fragilizam fórmulas e formas de lê-las, posturas e instituições, num processo de estranhamento do estabelecido.

Acima da perplexidade, percebe-se que as reflexões da autora foram-se construindo no cotidiano da prática pedagógica e no estudo sistemático da literatura, ambos pautados pelo aprendizado do convívio com diferenças, da paciência e da minúcia do estudioso, da tolerância da maturidade. Daí serem ainda mais relevantes as questões que apresenta no decorrer de seu trabalho. Quanto às referências teóricas, são muito pertinentes, consubstanciando o texto sem lhe servirem de adorno ou demonstração pretensiosa. Aliás, cabe aqui salientar: o texto está muito bem escrito, especialmente pela clareza e simplicidade. E não duvido do quanto deva ter contribuído para isso o significativo rol de leituras de textos literários realizadas pela autora.

Enfim, estamos diante de uma obra que contribuirá para a construção de um pensamento sobre a literatura juvenil brasileira, oferecendo-lhe instrumental de análise e sugestões de abordagens dos textos. Será, sobretudo, de enorme utilidade na formação de professores-mediadores de leitura e subsídio importante para a tão necessária formação continuada desses profissionais.

São Paulo, abril de 2001
Maria Helena Martins

PRIMEIRA PARTE

"É um privilégio do começo da juventude viver adiante de seus dias, em toda a bela continuidade de esperança que não conhece pausas ou interrupções"

Joseph Conrad

1. A pergunta inicial: por que *livros juvenis* em escolas?

A busca de respostas para a pergunta — *O que é ensinar literatura nas quatro últimas séries do ensino fundamental?*[1] — acabou catalisando outras que resultaram na minha pesquisa de mestrado, na de doutorado e resulta, agora, neste livro proposto para a coleção "Aprender e ensinar com textos".

Essa pergunta foi se formulando fundamentalmente em virtude da leitura de muitos dos livros catalogados como juvenis que desde aquela época vinham (e vêm ainda) caracterizando uma espécie de *boom* editorial no mercado livreiro. Ou seja, começava a haver um aumento significativo da produção literária para jovens, ao mesmo tempo em que se ampliavam e aperfeiçoavam as estratégias de divulgação dessa produção *pelas* editoras *para* as escolas, transformadas em mercado privilegiado.

O aumento da produção era comprovado pelo lançamento sucessivo de pacotes de livros e de coleções indicadas para a escola.[2] Dentre as estratégias de divulgação, podíamos apon-

1. Naquela época (anos 80), ensino de primeiro grau.

2. A título de exemplo, verificar *dizeres* dos folhetos anunciando *séries* daquela época para comparar com as atuais. Perceberemos um aumento significativo de co-

tar (como ainda hoje): remessa de livros para os professores em seus locais de trabalho ou diretamente para suas casas; elaboração de fichas de leitura a serem preenchidas pelos alunos; roteiros com sugestões de atividades para a sala de aula; programação de visitas de autores a estabelecimento de ensino para contato com alunos e docentes.

Incomodava-me o fato de que o rebaixamento na qualidade dessa produção corria paralelo ao aumento dos títulos que chegavam diretamente às escolas para uso dos professores. Vinham (e vêm ainda) quase sempre acompanhados de fichas de trabalho para os alunos. Mais que isso: no exemplar do professor, o espaço para as respostas às questões formuladas para os alunos já estava preenchido.[3]

Que literatura seria essa, chamada juvenil e indicada para (e pelos) professores em geral, nas escolas, tendo como justificativa a formação do hábito de leitura? Que livros e que ensino seriam esses? Hábito é algo que fazemos mecanicamente, sem a preocupação com a busca de significados; pressupõe repetição e, não, construção de sentidos. Existe, pois, grande

---

leções que vão incorporando não só temáticas atuais, mas as *modas* educacionais do momento para atender as supostas necessidades dos leitores. Uma explicitação já bastante direta de um duplo leitor-alvo, nos folhetos, capas e contracapas: o jovem e seu professor. Naquela época: A série *Morena* (Atual) *"para alunos das últimas séries do primeiro e segundo graus"*; a série *Novelas* (Mercado Aberto) *"para estudantes mais velhos... um dos maiores sucessos da leitura nas escolas secundárias"*; a Ática amplia a série Vaga-Lume. Para *"estudantes de 5as a 8as séries; a Brasiliense "lança um 'ovo de Colombo' para ajudar a resolver os problemas da leitura do jovem (a série Preto e Branco)"*. Nas edições atuais, incorporam-se as sugestões dos "parâmetros curriculares", "a tipologia dos gêneros": *"a partir de agora, as obras deste catálogo estão classificadas de acordo com o ciclo de ensino e não mais por coleção... levando em conta o tema, a quantidade de texto, a linguagem e o projeto gráfico. O resultado deste trabalho trata-se de uma sugestão, pois é você quem melhor conhece a habilidade de leitura de seus alunos... Além da síntese de todas as obras, o novo catálogo apresenta a classificação por temas transversais, de acordo com os PCN"* (FTD, ano 2000); *"Série Sinal aberto: Opinião e polêmica na sala de aula; ao final do livro, uma entrevista com... o escritor, com pique de um bom filme, mostra que, seja qual for a realidade, são os adolescentes a grande esperança de um futuro mais humano e justo..."* (Ática, 2000).

3. Ver RAMOS, M. Cecília. *O paradidático, esse rendoso desconhecido*. Tese de doutorado, FFLCH, 1987, inédito. Ver YASUDA, Ana Bonato Garcez, "A circulação do paradidático no cotidiano escolar." In: Chiappini, Lígia, BRANDÃO, Helena, MICHELETTI, Guaraciaba (org.) *Aprender e ensinar com textos didáticos e paradidáticos*, vol. 2: *A circulação do paradidático no cotidiano escolar*. São Paulo, Cortez, 1997.

diferença entre o trabalho de formação do leitor e o de formação de hábitos de leitura.

Seria necessário entender a nova produção para jovens à luz não só das minhas reflexões sobre a leitura de pré-adolescentes e adolescentes, mas à de estudos sobre leitura e literatura em geral, sem especificação de idade. Era preciso levantar hipóteses mais seguras sobre acertos e desacertos na seleção de textos e livros (e nas discussões sobre eles), procurando soluções e encaminhamentos em dimensões mais gerais; que fizessem significado dentro de um contexto educacional (e, portanto, social) mais abrangente. As constatações de sala de aula eram (e são) fundamentais, mas *singulares*. São o *pé no chão* para a reflexão teórica que pode nos levar a ações mais conscientes e responsáveis.

Parti da hipótese (válida ainda, mas não única) de que o aumento da produção e a ampliação da faixa de idade a ser atendida por livros catalogados como juvenis estariam diretamente ligados ao espaço deixado em aberto pela fragilidade do ensino de leitura e literatura nas nossas escolas, uma vez que a leitura de textos literários (como confirmam muitas pesquisas) não vem fazendo parte nem do lazer, nem da formação profissional dos professores em geral.

Minhas leituras mostravam que a produção para jovens delineava-se pela introjeção de um duplo leitor-alvo, ou seja, o jovem escolar e seu professor, distantes ambos da leitura de livros. Esse fato estava levando os autores a apequenarem suas obras, submetendo-se às regras do mercado ao aceitarem o tutelamento das editoras que estavam esquematizando padrões de gosto em uma fôrma para o atendimento das necessidades da leitura escolar, ou do mercado que ela estaria representando.

2. A introjeção do leitor-alvo: um caso exemplar

Para estudar mais detidamente essa vinculação — literatura juvenil/escola — escolhi, naquele momento, o caso exemplar da escritora Stella Carr, uma vez que essa autora decidiu escrever especificamente *literatura para jovens*, a partir de

O caso da estranha fotografia (1979), o primeiro livro de sua série de policiais para jovens.[4] Nele aparecem as personagens que já se tornaram conhecidas como os Irmãos Encrenca.

A escolha recaiu em Stella, primeiramente, por ter sido pela indicação de uma aluna de doze anos (entusiasmada com *O caso da estranha fotografia*), o meu contato com os livros da autora. A partir daí, desenvolveram-se na escola onde trabalhava leituras e atividades geradas pelo contato pessoal de leitores (meus alunos e os professores a quem coordenava) com autores juvenis (cartas, debates, visitas, criações conjuntas, que hoje olho com muitas reservas). Portanto, estudá-la era estudar-me no (e ao) contexto escolar. Ou seja, a autora foi escolhida dentre tantos outros porque, para mim, acabou *protagonizando* o movimento mais geral de um projeto amplo de literatura juvenil.

Havia nela deliberada intenção de criar uma literatura voltada para o jovem. A autora diz, na biografia que acompanhava muitos dos seus livros: "*...eu resolvi que ia criar meus próprios leitores... Foi em 1975, que comecei a planejar a série juvenil, livros de suspense. Histórias policiais baseadas em coisas nossas, fatos da atualidade, reportagens com várias personagens reais ao lado das imaginárias. Mas tudo bem brasileiro, valorizando a nossa cultura e nosso jeitinho de ser*".

Além disso, o sucesso desse projeto podia ser verificado pelas sucessivas edições e reedições de seus livros, motivadas, em especial, pela indicação de professores. Era atestado também por pessoas vinculadas à academia:[5]

---

4. Exemplar que li e que serviu de referência naquele momento: CARR, Stella. *O caso da estranha fotografia*. São Paulo, Pioneira, 1977. O livro continua sendo reeditado pela editora Moderna e está na 24ª impressão.

5. A autora confessa, na biografia que acompanhou o lançamento de *Eles morrem, você mata* (São Paulo, Moderna, 1987): "*Levei dez anos escrevendo um romance de três mil volumes. Nos últimos dez anos criei 32 livros com dois milhões e meio de exemplares rodando por esse Brasil, de escola em escola, de crianças para pais, de pais para professores, de professores para alunos, sem esquecer as bibliotecas*". Nas informações que acompanham a biografia da autora na edição de 2000: "*a autora já publicou, desde que lançou o primeiro livro juvenil, cerca de cinqüenta livros infantis e juvenis por seis editoras diferentes. Tem livro até na 44ª edição*".

> Escrever para crianças, meninos e jovens de hoje... é das mais difíceis tarefas a serem enfrentadas pelo escritor... principalmente porque vivemos na "era da imagem", cujo ritmo acelerado não é propício à "palavra escrita" (que exige tempo e reflexão...). Stella Carr está bem consciente desse fenômeno cultural... Aceitando o desafio, é para esse leitor que se volta... (Nelly Novaes Coelho).[6]
>
> É na lição do *best-seller* mais contemporâneo que Stella busca os elementos responsáveis pela extraordinária comunicabilidade de seus livros... São, assim, bastante modernos os recursos de que essa autora lança mão com vistas a prender seu público (Marisa Lajolo e Regina Zilberman).[7]

Estudar Stella Carr significaria estudar esse movimento de aproximação com o leitor jovem e buscar verificar as razões que levaram tanto a instituição escolar quanto estudiosos da área não só a definir suas obras como especialmente voltadas a um público jovem, mas, por isso, a recomendá-las, utilizálas e vendê-las. Precisaria, então, averiguar aquilo que, nos livros de Stella (como em tantos outros de escritores juvenis), constituía um apelo a pré-adolescentes e adolescentes, bem como a seus professores, configurando *internamente* às suas obras esse projeto, esses leitores e o seu contexto (ou seja: a relação escola-indústria editorial).

Eu, Detetive

Para tal averiguação, estudei o conjunto da obra de Stella Carr. Escolhi, no entanto, *Eu, Detetive — o caso do sumiço*[8] (escrito em parceria com a filha Laís Ribeiro Carr) como centro privilegiado de minhas reflexões, uma vez que (explicitamente) é colocada uma proposta de literatura lúdica: a obra é classificada como livro-jogo, e o leitor é convidado a ser, simulta-

---

6. COELHO, Nelly Novaes. *Dicionário crítico da literatura infantil e juvenil brasileira 1882-1982*. São Paulo, Quíron, 1983, p. 836.

7. LAJOLO, Marisa & ZILBERMAN, Regina. *Literatura infantil brasileira — História e histórias*. São Paulo, Ática, 1984, p. 144.

8. CARR, Stella, CARR, Laís Ribeiro. *Eu, detetive, o caso do sumiço*. São Paulo, Moderna, 1982, p. 21. Segundo informações da editora, a última edição é de 1998.

neamente, personagem, detetive, narrador e jogador. Para o jogo, há um encarte: um tabuleiro mapa, as regras para a leitura e para o jogo, e as indicações para o uso dos dados.

Sabemos que propostas *lúdicas* continuam até hoje.[9] Resta ver em que sentido o lúdico tem se apresentado. Podemos verificar que o sentido muitas vezes apreendido, tanto no discurso, quanto na prática dos professores, bem como nas propostas de escritores infantis e juvenis, parece equivocado. Já dizia Walter Benjamin:

> A atual literatura romanesca juvenil, criação sem raízes, por onde circula uma seiva melancólica, nasceu no solo de um preconceito inteiramente moderno. Trata-se de um preconceito segundo o qual as crianças são seres tão diferentes de nós, com uma existência tão incomensurável à nossa, que precisamos ser particularmente inventivos se quisermos distraí-las. No entanto, nada é mais ocioso que a tentativa febril de produzir objetos — material ilustrativo, brinquedos ou livros — supostamente apropriados às crianças.[10]

O que levaria a autora a se envolver com propostas tipo "*Você decide*"?[11]

---

9. Em minha dissertação de mestrado, dedico um capítulo ao estudo do jogo, baseando-me em textos de alguns estudiosos do assunto. Entre eles, VYGOTSKY, L. S. "O papel social do brinquedo no desenvolvimento". In: *A formação social da mente.* Martins Fontes, 1984; PIAGET, Jean. *A formação do símbolo na criança. Imitação, jogo, e sonho; imagem e representação.* Trad. de Álvaro Cabral, Rio de Janeiro, Zahar, 1978; HUIZINGA, Johan. *Homo ludens.* Trad. de S. P. Monteiro, São Paulo, Perspectiva, 1980.

10. BENJAMIN, Walter. "Livros infantis antigos e esquecidos". In: *Magia e técnica, arte e política.* Trad. de Sérgio Paulo Rouanet. São Paulo, Brasiliense, 1987, p. 237.

11. Essa "modalidade" de ficção na qual se pretende o envolvimento do leitor com a ação, pela participação como personagem, tinha (e continua tendo ainda — agora, com muito mais possibilidades, com jogos eletrônicos e pela internet...) bastante sucesso entre jovens. Já havia no mercado, várias coleções com livros do gênero como *Enrola e desenrola, E agora, você decide, Escolha sua aventura,* publicados originalmente pela Scholastic (norte-americana) e traduzidos e adaptados pela Ediouro. Na contracapa dos exemplares, podemos ler as seguintes explicações: "*Este novo tipo de estrutura narrativa de enorme sucesso e imensamente popular estimula a imaginação e criatividade dos leitores jovens porque eles se tornam os personagens principais das histórias. À medida que o enredo se desenrola, o leitor é quem decide o caminho a seguir, evitando vários perigos e desafiando a sorte*".

Seu primeiro livro, apesar de "escrito especificamente para jovens", não se distancia muito de livros policiais de *suspense* sem idade delimitada para seus leitores: a história é muito bem tramada e interessante. Vale, aqui, o salto para *Outras leituras* **(I)** onde há uma síntese mais organizada — e, portanto, mais didática — de características gerais do chamado gênero policial. Esta síntese poderá permitir um melhor aproveitamento dos comentários a respeito dos livros aqui comentados.[12] Voltaremos, mais à frente, a essas características.

Eu, Detetive compõe-se de quatro partes: 1 — *A turma e o caso do sumiço;* 2 — *A caça às pistas;* 3 — *A chegada; Escola Aprenda e viva — a solução do leitor;* 4 — *Epílogo: a solução das autoras.*

A história acontece numa pequena cidade e apresenta quatro jovens personagens, membros de um quarteto musical, já ensaiando para a apresentação do seu *show* de *rock* quando recebem um bilhete ameaçando-os: entrariam "pelo cano" se insistissem em estrear. Saem do clube e não são mais vistos.

Na escola, três jovens e o narrador (Eu), amigos dos músicos, resolvem agir por conta própria, como detetives (como na grande maioria dos livros policiais para jovem).[13] Os locais que deverão visitar constam do mapa e do guia. A segunda parte enfoca a ação das quatro personagens detetives; a solução é dada, no capítulo final, num encarte lacrado.

O narrador em primeira pessoa, logo no início, avisa que a personalidade da personagem chamada EU (com maiúsculas) "*deve ser semelhante à do leitor* (real), *que vai se identificar com ele*" (p. 21). Poderíamos dizer que a proposta é de imitação da história, uma vez que a história já está narrada.

---

12. Ver **Outras leituras**: as chamadas em algarismos romanos e negrito entre parênteses indicam, daqui para frente, notas com caráter explicativo e sugestões de leituras, no final do livro.

13. "*Os heróis são, geralmente, mini-Sherlock, mini-Agatha Christie, mini 007 em ações tipo Indiana Jones. Nunca são conflituados e, apesar dos riscos, têm sempre asseguradas as suas vitórias. Nessas histórias, criam-se (muitas vezes forçadamente) situações para que os protagonistas-jovens possam demonstrar, rapidamente, muita criatividade, energia e exuberância.* Ver CAMPOS, Cláudia Arruda, SOUZA, Maria Lúcia Zoega de. "Adolescentes e livros, a mediação da escola". In DIETZSCH, Mary Julia Martins (org.). *Espaços da linguagem na Educação*. São Paulo, Humanitas, 1999.

Que narrador é esse? Uma brincadeirinha infantil? Não seria como o *"agora eu era o herói"* de Chico Buarque? (Só que na canção, as memórias são do narrador...)[14] **(II)**

Mas o jogo, *aqui*, não é apenas jogo: é um *livro*, e a proposta feita para o leitor (real) é que ele seja o narrador. Ora, ele (o leitor) poderia imaginar-se personagem igual às outras, como *ser de papel*, de *imaginação*. Neste sentido, dividiria o papel de herói-detetive estilizado numa ação. Mas, se deve ter os atributos do leitor real, não pode, no momento da leitura, saber a história até o fim para poder narrá-la.[15]

Assim, alguns equívocos se fazem presentes na brincadeira, ou no texto-brincadeira: se o narrador está em primeira pessoa, não poderia comportar-se como o *narrador-onisciente-intruso* que é aquele que narra à vontade, sabendo de tudo. Um *eu* estaria limitado ao que vê, sente e imagina, não podendo saber o futuro, ou o que não sabe, não vê, não imagina... Não teria acesso ao estado mental das demais personagens. E há capítulos que narram a ação em terceira pessoa, com detalhes que não poderiam ser narrados por um eu. Portanto, a proposta não me parece verossímil **(III)**.

Poderíamos *perdoar a falha*, considerando que as autoras estariam alternando capítulos com o narrador protagonista e o narrador onisciente. A proposta do *EU narrador* estaria, então, restrita a alguns capítulos, embora isso não tenha ficado explícito na descrição dessa personagem. Além disso, ficou decidido pelas quatro personagens detetives que cada uma deveria buscar pistas em locais diferentes, concomitantemente:

> ... Em cada lugar desse *Mapa* deve ter uma pista escondida. Se a gente investigar depressa, pode solucionar o caso antes mesmo que a polícia saiba o que está acontecendo. A cidade não é grande e nós somos quatro. Enquanto um procura num lugar, outro revista em outra parte. Temos que resolver o caso antes das 10... (p. 19)

---

14. Ver HIGUCHI, Kazuko Kojima. "O resgate da história e do narrador". In: CHIAPPINI, Lígia, CITELLI, Adilson. (Coord.). *Aprender e ensinar com textos vol. 6: Outras linguagens na escola*. São Paulo, Cortez, 1999.

15. Ver LEITE, Lígia Chiappini de Moraes. *O foco narrativo*. São Paulo, Ática, 1985 e BRAIT, Beth. *A personagem*. São Paulo, Ática, 1985.

A personagem EU divide os espaços para a busca dos raptores. Com o tempo real de um dia, seria querer demais que ela pudesse ter consigo os dados mais íntimos de seus colegas para a narração detalhada da ação para a qual o leitor foi convidado a participar, para sentir-se (ao identificar-se com o EU) em pé de igualdade com as outras personagens, na decifração do enigma. A personagem com a qual se identificaria estaria temporalmente na sua frente, já saberia o resultado das buscas e teria conversado com seus colegas para que a narração fosse possível como um fato acontecido no passado, mesmo que recente.

E o leitor real, ao receber o livro, já viu que há uma solução lacrada.

Essa questão do tempo é complicada. Os tempos verbais usados pelo narrador EU, no passado, se confundem com outros, no presente, mostrando bem a ambivalência das autoras, apesar do domínio que demonstram das estratégias e técnicas narrativas do gênero *romance policial*. Poderíamos "deduzir" que elas sabem das vantagens de se optar por um narrador em primeira pessoa nas histórias de enigma.

Nos romances tradicionais de enigma, o narrador geralmente é um amigo do detetive. Lembremo-nos de alguns autores famosos do considerado "enigma clássico" da literatura policial: Edgar Allan Poe, criador do famoso Auguste Dupin, em seu *Os crimes da rua morgue*, seguido de perto por Connan Doyle, com aquele que se tornou o mais famoso detetive da literatura — Sherlock Holmes; por Agatha Christie, com seu Poirot, vivo não só nos livros, mas ainda em séries televisivas atuais (de discutível qualidade, a meu ver, mas ainda fazendo parte do entretenimento domingueiro de muitos que não conhecem o original). Todos esses detetives não contam as suas histórias: elas são narradas por um amigo. Watson, o amigo de Sherlock, é o narrador-amigo mais famoso. Quantos que não leram o livro, já ouviram a expressão: *elementar, meu caro Watson*. Hasting é o amigo de Poirot **(IV)**.

Nos livros juvenis (talvez pelo espírito mais democrático que se pretende que os jovens tenham) geralmente não aparece formalmente uma dupla, mas sim um grupo de jovens que são os detetives, não sendo nenhum superior ao outro. Em *Eu, detetive*, se o leitor é o Eu, deveria saber mais que os seus companheiros de grupo (mas não sabe de fato). Diferencia-se, pois, do narrador em primeira pessoa dos clássicos de enigma (que sabe menos do que o detetive).

As autoras fogem à verossimilhança quanto ao foco narrativo, mas constróem a ilusão do verossímil, pretendendo dar ao leitor (ao que tudo indica), uma ilusão de poder, ou seja, de onisciência. Essa tramada construção de uma ilusão, entretanto, se completa com a proposta do jogo:

> Cada capítulo dessa história é uma peça do quebra-cabeça. Você pode simplesmente fazer de conta que seus amigos são o Miúdo, o Rapa, ou a Rita. Convide dois ou três para jogarem com vocês. Acredite, o Livro-Jogo vai ser uma curtição!
>
> Se você topa, vá em frente e siga as instruções. (p. 20)

Se, até esse convite, a leitura comanda o jogo, sendo uma espécie de aquecimento para ele, a partir daí, teremos os artefatos do jogo a puxar a leitura: o mapa (com desenhos dos locais onde se passa a ação); quatro marcadores (três com as figuras estilizadas das personagens detetives e um em branco, para o leitor colocar sua marca) e os dados (*"de qualquer jogo que o leitor tiver em casa"*, p. 21), que serão usados para permitir aos jogadores a entrada nos locais, ou a leitura dos capítulos correspondentes. O tabuleiro-mapa *"deve ser aberto sobre uma mesa; ao lado, o livro aberto no sumário. Cada detetive-jogador "deve ter à disposição uma folha em branco e um lápis e uma caneta para ir tomando nota de suas suspeitas"* (p. 27).

Vencer a corrida e poder chegar à *Escola Aprenda e viva* (penúltimo capítulo) dará direito, ao leitor jogador, de dizer em primeiro lugar a sua solução para o caso. O verbo *poder*, tanto no convite *"você pode convidar amigos"*, e o prêmio — *"poder ler em primeiro lugar a solução das autoras"* — sugere que o jogo *pode* não ser coletivo; pode até ser jogado solitariamente, como a leitura.

Qual é, então, o desafio que o jogo em *Eu detetive* propõe?

O livro policial tem-se caracterizado tradicionalmente como um jogo entre autor e leitor. Quem é apreciador do gênero, enquanto lê um de seus livros, sabe que está numa espécie de partida, ora resolvendo o enigma colocado pelo autor; ora como torcida pela personagem que age e/ou pensa, sujeita a erros e acertos. O livro nos agradará, quanto mais difícil for a solução e mais esperto o autor. Se o problema for simples demais, perde a graça; se as pistas dadas forem insuficientes para provarem a solução do autor, perdem também a graça. Não à toa, teóricos do gênero dizem (baseando-se nas atividades de resolução de problemas que todas as disciplinas acadêmicas têm em comum com o trabalho de detecção) que a literatura policial provoca nos leitores atitudes análogas às que se pretendem ante o aprendizado em geral, se considerarmos o escolar como um *"detetive do pensamento"*. Holmes é admirado porque possui o poder intelectual de produzir coerência, dizem.

Como desafio, no livro das autoras que comento, restaria apenas a leitura não linear da história, a partida se transformando em um jogo tipo quebra-cabeça infantil, ou seja: um brinquedo concreto de montar em que os capítulos podem ser encaixados à semelhança de um quadro já pronto, mas desorganizado pelas regras, para ser montado pelos leitores.

Se assim fosse, o quadro montado deveria ser igual ao das autoras:

Eis como termina o capítulo *A caça às pistas*:

> Eu tinha no bolso a minha teoria sobre o desaparecimento do quarteto. Cada um de meus colegas também devia ter a sua" (p. 77).

Em posse das teorias, as personagens vão para a *escola comparar o resultado das observações* (p. 76). Como vemos, o espaço da escola é privilegiado pelas regras do jogo, e a personagem do professor cumpre o seu papel agindo como se seus alunos se dedicassem a uma pesquisa escolar. E estes mostram uma atitude de quem cumpre uma tarefa, mais do que a de quem resolve um problema humano, ou seja, o rapto dos amigos. Professor e alunos se complementam:

> — Como é, meninos? Alguém sabe novidades importantes tais como: ONDE está o Quarteto? QUEM sumiu com eles? POR

QUÊ?... Vejamos, então, qual a explicação que vocês têm para o caso — propôs o professor Menelau.

A Rita pegou um bloquinho na bolsacola e apoiou no livro que EU tinha tirado da *Biblioteca* pra nosso trabalho de pesquisa e começou a falar (p. 76).

As personagens estão com as *pesquisas* prontas e, por suposto, os jogadores têm as peças do quebra-cabeça montadas para conferir com o final da história. Acontece, porém, que o professor não escuta os resultados da *pesquisa*. A explicação final, tão caprichada em romances de enigma, aqui é deixada para as autoras reais. A história propriamente dita termina no trecho que citamos, quando Rita começa a falar.

Pode-se entender, então, a insistência, durante toda a narrativa, no uso da caneta e do caderno para as anotações:

... Rita sentou-se num banco... e abriu o caderno... (p. 17)
... Ela descobriu o papel grosso e, pegando uma caneta... (p. 17)
... e guardou o lápis e a caneta... (p. 19)
... só ia precisar de um bloco e de uma caneta... (p. 41)

O uso do caderno e da caneta, na realidade, é necessário para o leitor real. Há não só um convite à leitura, mas uma indução à elaboração de uma síntese, enquanto a leitura é feita, uma vez que se processa concomitantemente à mudança das peças para outros locais, no tabuleiro. As anotações se fazem necessárias para a reorganização da linearidade, ou seja, para a reorganização temporal da história. Pode-se perceber a presença da *ficha de leitura* que acompanha os livros considerados paradidáticos. Só que está *escondida* no interior da própria obra; as regras do jogo *poupando* o serviço do professor: o *resumo* usualmente pedido já estaria sendo feito enquanto o aluno lê o livro.

A terceira parte é dedicada à solução do leitor. Essa solução, contudo, só acontecerá fora da narrativa:

Com os indícios apresentados pelos quatro detetives... conseguiram encontrar Zé Cabeludo e seus três companheiros.

— E você, conseguiu?

Leia o EPÍLOGO e conheça as respostas finais para o caso. (p. 80)

O trecho indica quatro detetives, confirmando que EU é personagem. O leitor real é, agora, separado. O epílogo começa com as autoras explicitamente narrando, sendo a fala direta para os leitores reais. Feita a tarefa, não importam muito os resultados. Na narrativa, o professor não confere as teorias e, no jogo, é sugerido que o leitor que tiver uma melhor solução escreva para a editora. Segue-se o endereço da editora.

Resumidamente: o jogo não foi claro quanto à ficção proposta, quanto à competição em forma de adivinha, quanto à montagem de um quebra-cabeça. Podemos, então, supor que se proponha como um brincadeira de leitura, para que seja cumprida a tarefa de preenchimento de uma ficha de leitura de *"forma agradável e divertida"*.

A proposta inicial de particularização do leitor se inverte e se transforma, podendo, talvez, reiterar a sua passividade em vez de participação ativa. É lógico que falo aqui da proposta como tal. Cada leitor é um, e poderá autonomamente constituir-se como leitor efetivo e crítico do que lê, retomando sua participação ativa.

Precisaríamos tentar buscar algumas razões que justificariam a brincadeira proposta pelas autoras, assim como o porquê do livro como objeto dessa brincadeira, e os jovens como os leitores-alvo. Talvez assim pudesse fazer sentido a epígrafe do livro *Eu, Detetive*: *"Ler não custa caro. Ler é um barato"*.

O passo a seguir foi verificar na obra da autora Stella Carr — tomada como exemplar do movimento de aproximação literatura e escola — os antecedentes e a evolução dessa proposta de *EU, Detetive* em livros que o antecederam.

Pude constatar que ocorre uma espécie de diluição de categorias tradicionais da narrativa ficcional (principalmente personagem e narrador), na medida em que a intenção de aproximar a ficção literária da realidade do leitor (jovem) vai se efetivando nos livros, pela inserção de personagens/pessoas conhecidas do mundo real desse leitor. Essa diluição processa-se, passo a passo, com as modificações operadas na adaptação feita ao gênero para o projeto de literatura juvenil da autora: *o romance policial*. Percebe-se o desejo de superação da relação assimétrica entre o escritor adulto e o leitor jovem, pela tentativa de cumplicidade.

Esse estudo — *Stella Carr e literatura juvenil: um enigma em suspenso*[16] — acabou configurando um esforço de *detecção* de alguns aspectos do fenômeno da mistura de literatura e escola no Brasil nos anos 1970/80. No subtítulo desse meu estudo, a idéia dos limites do trabalho até ali realizado e a necessidade de continuidade da reflexão. Por um lado, o jogo de palavras usado alude a tipos de *romance policial*, gênero, como vimos, privilegiado pelos autores que escrevem especialmente para jovens. Por outro, traduz o enigma em que me vi enredada ao tentar conceituar e caracterizar aquilo que convencionamos chamar de *literatura juvenil* (gênero? subgênero da literatura mais geral? paraliteratura? literatura paradidática?) pela análise, apenas, do que se produz para leitura de um segmento populacional muito definido: leitores/alunos e, *principalmente*,[17] leitores/professores de escolas brasileiras, nos dias de hoje.

Percebi, então, que essa perspectiva se restringia a um espaço e tempo muito próximos.

Seria necessário tomar distância: lançar-me ao largo.

Para continuar a investigação, optei por um trabalho de literatura comparada em que se verificariam relações entre *clássicos* da literatura produzida para (e lida por) jovens — em outros tempos e em outro espaços —, tendo como referencial mais imediato livros semelhantes aos que analisara. Assim, primeiro li aqueles considerados hoje os *clássicos juvenis da aventura*, sendo a *aventura* característica inquestionável de livros que interessam aos jovens. Voltei-me, a seguir, para o estudo das relações entre esses *clássicos* e a produção atual *para* esses leitores.

---

16. SOUZA, Maria Lúcia Zoega de. *Stella Carr e literatura juvenil, um enigma em suspenso*. Dissertação de mestrado. Teoria Literária e literatura Comparada. F.F.L.C.H-USP, 1988 (orientada por Lígia Chiappini de Moraes Leite) (inédito).

17. Valeria verificar os autores que em 2000 poderiam protagonizar esta história. Segundo a editora Moderna, os livros juvenis mais vendidos são *"A droga da obediência"*; *"A droga do amor"* e *"Pântano de Sangue"*, todos de Pedro Bandeira. Neles também os protagonistas formam uma turma — os Karas, e são inteligentes e corajosos como os Irmãos Encrenca de Stella Carr.

Nos dois tempos, leituras teóricas foram pouco a pouco iluminando, ou conturbando e sombreando os caminhos percorridos. Tentando delinear o roteiro histórico e geográfico da produção para jovens, vi-me como tantos marinheiros — personagens dos livros que lia — num escaler perdido em alto mar, bem distante dos contornos até certo ponto nítidos do mapa que havia delineado.

3. Na rota da aventura

Realizei minha viagem pela leitura de textos que historiam eventos políticos, econômicos, sociais, educacionais, assim como empresariais, ligados à indústria do livro. E pela leitura da ficção ligada a dois momentos de ruptura fora do Brasil que antecederam a recente explosão editorial para jovens, ou seja: a do final do século XVIII (o início do desenvolvimento dos manuais didáticos, na França e Inglaterra, principalmente) e a dos finais do século XIX (*desenvolvimento da literatura de entretenimento*). Ao lado disso, fui em direção ao entendimento da evolução da prosa de ficção, mais especificamente do *romance de aventura*, que corre simultânea à da ficção para jovens.

Considera-se a *aventura* a essência da ficção, mas foi no século XIX, principalmente na Europa e Estados Unidos, que o gênero configurou-se como *clássico*. Com os livros, via-se o espaço geográfico abrindo-se em promessas; o crédito no poder ilimitado do indivíduo era a tônica dominante. Terras e mares se entregavam àqueles que tinham coragem e inteligência para enfrentar as adversidades que se colocassem como empecilhos aos desejos de conquistas e de conhecimentos cada vez mais novos. Assim, o tempo podia ser demarcado pela vontade do homem que via o futuro como uma promessa de progresso contínuo.

Ao lado da crença nas possibilidades de o homem poder dominar a natureza, controlar o destino, a si mesmo e aos outros, assistia-se a um incrível desenvolvimento tecnológico. O século XIX descobria, entre outras maravilhas, as da imprensa. O *romance* pôde se desenvolver, na medida em que seus autores diversificaram formas e criaram estratégias para atender aos diferentes segmentos da sociedade que se modificava, movida pela crescente industrialização. Novos e diferentes leitores eram formados a partir de uma escolarização não mais para poucos (pelo menos, naqueles países em processo de desenvolvimento industrial). A urbanização acelerava-se. Os novos valores eram apreendidos pelos escritores e casas de edições. Um novo circuito de produção se formava por meio do novo público que, uma vez apreendido, podia ser atendido. Descobria-se a leitura como forma de entretenimento (sem com isso deixar de ser formação) para muita gente.

Reinava a esperança. Assim, nada melhor do que a *aventura* para falar na crença no progresso e no futuro.

Quando pensamos nesses livros (digo nós, os leitores não tão jovens), imediatamente vêm-nos à lembrança as histórias de heróis / viajantes em terras exóticas; os perigos por que passam; as lutas das quais saem vencedores.

Na convenção dessas narrativas, apesar do medo, da angústia, dos riscos, da superação dos próprios limites — e do prazer que tudo isso junto provoca —, acrescenta-se a certeza de que para o leitor como para o protagonista, nada definitivamente catastrófico acontecerá: um terá a compensação do prazer da leitura, o outro a confirmação de sua trajetória de herói vitorioso.[18]

Talvez resida nessa característica a impressão de leveza que as lembranças desses livros nos trazem. Ao pensarmos em histórias contextualizadas em épocas mais recentes, vemos aparecer os perigos de uma sociedade urbanizada: roubos, assassinatos, seqüestros. A expectativa inicial, porém, parece ser a de alívio no final, tanto para os protagonistas quanto para os leitores, identificados com eles, mesmo nas aventuras trazidas pelos livros de aventura na galáxia e os de ficção científica.

Quando vamos nos deslocar para lugares distantes, por muito tempo, costumamos antever aquilo que encontraremos. Para essas antecipações, levamos em conta as informações da

---

18. Ver PAES, José Paulo. *A aventura literária*. São Paulo, Companhia das Letras, 1990.

realidade que temos. Não se jogam fora, entretanto, as fantasias que nos assaltam.

Sabia que a produção para jovens, nas suas origens, esteve muito ligada ao desenvolvimento da educação escolar, surgindo da necessidade de se usarem livros para atender aos objetivos de *universalização do ensino.*

Desenvolveu-se após a proliferação dos manuais escolares e das descobertas de estratégias de produção e circulação desses manuais, tal qual no Brasil, tempos depois, os nossos livros didáticos, seguidos pelos paradidáticos (ou livros de literatura juvenil?). Também colaboram a psicologia, a pedagogia que aprofundam a idéia de se entender a criança não mais *como um adulto em miniatura.*

Essas eram as informações que tinha em minha bagagem. Seria necessário voltar atrás para confrontá-las com as fantasias que geraram.

Nostálgica me parecia a viagem. A minha crença era de que, nas origens, a literatura para jovens configurara-se com mais *pureza* nos mecanismos de produção, circulação e recepção de obras. Entretanto, que dizer quando se descobre que Daniel Defoe, autor de *Robinson Crusoé* e de *Coronel Jack* (um menor de rua do século XVIII), assim como Alexandre Dumas e vários *clássicos* da juventude e *clássicos* do folhetim[19] eram considerados escritores menores porque tentavam não só atender, mas, principalmente, ampliar o mercado de leitores? Que dizer quando se fica sabendo que Júlio Verne foi contratado para escrever *especificamente para* jovens e que, para isso, devia se enquadrar nas regras mantidas pelo seu editor? Que dizer da mágoa de Verne por ser considerado escritor menor em seu tempo?[20]

O desenvolvimento das casas de edição (principalmente na França e na Inglaterra) foi fundamental para a produção e difusão de obras que vieram a se transformar em *clássicos* para

---

19. Para quem se interessar pelo estudo do Folhetim, ver MEYER, Marlyse. *Folhetim: uma história*. São Paulo, Companhia das Letras, 1996.

20. Para que se relativize o conceito de clássico ver CALVINO, Ítalo. *Por que ler os clássicos?* Trad. de Nilson Moulin. Companhia das Letras, 1993.

a juventude. Os editores (um pouco pela vocação de pedagogos atualizados e bem mais como homens de negócios) não só freqüentavam feiras internacionais de livros, como procuravam o aval da Igreja e das autoridades da Escola — já naquela época — para adequarem seus produtos às necessidades que vinham surgindo. Não bastavam os manuais escolares, não bastavam os livros de formação. Perceberam que eram necessários livros mais ágeis que funcionassem como distração dos estudos; livros que pudessem ser lidos rapidamente numa viagem de trem; livros que facilitassem a leitura nos serões familiares e, principalmente, livros que formassem leitores de outros livros semelhantes. Contrataram autores, formaram autores, traduziram autores, adaptaram autores que também se especializavam em seus países.

Para pensarmos sobre os livros de hoje, mesmo sobre os livros brasileiros, convém recordar que foi em 1762 que Rousseau ajudou a colocar a infância em moda. *Robinson Crusoé* seria o único livro que Rousseau indicaria a *Emile*.[21] Embora escrito com a intenção de formar o novo público para a nova *forma* que começava — o *romance* —, *Robinson* não foi escrito especificamente para crianças ou jovens. Muitos até o consideram a bíblia das idéias econômicas do liberalismo. Mas, à revelia de seu criador, o jovem Robinson, por meio de suas adaptações (muitas vezes redutoras), torna-se o herói daquela geração e das outras que o seguiram.[22]

---

21. Para uma maior compreensão da ascensão da forma romance e do tempo de Defoe, ver WATT, Ian. *A ascensão do romance*. Trad. de Hildegard Feist. São Paulo, Companhia das Letras, 1990.

22. Denise Escarpit comenta a importância de *Robinson* para o desenvolvimento do que veio a se chamar literatura infantil e juvenil. O sucesso foi imediato. A primeira edição abreviada foi publicada na Inglaterra, já em 1719. Duas traduções alemãs surgiram em 1720. Na França, *Robinson*, abreviado das longas descrições, entra imediatamente na chamada literatura de *colportage*. Na Alemanha, aparece aquela, considerada como a primeira obra alemã especificamente destinada aos jovens — O *Robinson dos jovens* —, de Joachim H. Campe. Em 1762: o *Robinson sueco*. Em 1813, o *Robinson suíço* de Johann D. Wyss. O modelo atravessou o Atlântico e Fenimore Cooper, nos Estados Unidos, publica *O Robinson do Pacífico*. Denise Escarpit enumera uma longa lista daquilo que chamou — *robinsonades*. Dentre elas, algumas obras hoje consideradas clássicos de aventura: *A família inglesa Robinson* de Mayne Reid (1851); *A ilha de coral* de Ballantyne (1857); *A ilha misteriosa* de Júlio Verne (1874);

Os adaptadores reduziram forma e conteúdo: o livro é muito longo. As partes iniciais e a vida depois da saída da ilha não interessam àqueles primeiros adaptadores. Importa a *aventura* da juventude: a vida solitária do náufrago; a construção do império de Robinson na ilha que fez sua; o arrependimento por ter desobedecido ao pai; e a reintegração na sociedade.

Assim como o *Robinson* para adultos é considerado um dos pioneiros da forma — *romance* —, as suas primeiras adaptações são modelares para a literatura juvenil que se fundava. O livro que as crianças e os jovens lêem *deve*, então, ser adaptado ao espírito infantil e ao juvenil.

Hoje, criticamos as fichas de leitura e as estratégias de sedução dos folhetos de propaganda das editoras: apenas variações e aprimoramento das que eram usadas cem anos atrás. Havia, há mais de cem anos, na Inglaterra e na França, os caixeiros viajantes dos livros com seus folhetos de propaganda entregues nas escolas; havia os escritores que se escondiam debaixo de pseudônimos para não serem identificados como *comerciais ou menores*; havia as *senhoras da sociedade* que escreviam para crianças e jovens.

Há mais de cem anos, também se teorizava sobre as questões que nos colocamos hoje. Vale a pena ver discutidos em jornais e revistas especializadas da época problemas como o das adaptações, o dos direitos autorais, e o da censura, dos cortes... das fôrmas.

Nessa minha viagem, ao mesmo tempo em que me surpreendia com o que descobria (ou *des*-cobria), deliciavam-me as (re)leituras de livros de aventura, principalmente os publicados pelas coleções brasileiras *Terramarear* e *Paratodos*. Foram essas coleções, já nas décadas de 1930 e 40, as que trouxeram os livros de entretenimento que tinham sido fonte de inspiração para muitos de nossos românticos, entre os quais José Manuel de Macedo, Manoel Antônio de Almeida e José de Alencar.

A ilha do tesouro de Stenvenson (1882). Fala também das aventuras mais recentes: *O senhor das moscas* de William Golding (1954); e *Robinson do metrô* de F. Holman (1978). ESCARPIT, Denise. *La littérature d'enfance et de jeunesse*. Paris, Presses Universitaires de France, 1981, p. 53. No Brasil, *Robinson* aparece em 1881.

Ler *O último dos mohicanos* de Fenimore Cooper e rever nele o nosso *Guarani* em toda a idealização da natureza e dos selvagens (norte e sul-americanos), própria daqueles tempos de exaltação romântica, era esperado. O curioso foi descobrir o livro de Alencar — *hoje* um de nossos *clássicos da literatura brasileira* — como um livro de aventura (e por que não de entretenimento). Não esperava também ter de relativizar tanto o que considerava a *pureza* das traduções, quanto às chamadas adaptações para jovens, hoje. Quantas discussões são ainda levantadas a respeito da indicação de obras adaptadas (e não apenas traduzidas...). As coleções *Terramarear* e *Paratodos* foram *adaptadas* por renomados escritores brasileiros: Monteiro Lobato, Manuel Bandeira, Godofredo Rangel entre outros... **(V)**

No Brasil, mesmo *"respondendo às exigências locais"* e apesar de só tardiamente vermos avançar a produção de obras específicas para a infância e a adolescência, o gênero, com *"história particular e elementos próprios"*, parece não ter-se desviado do *"roteiro geral"*. Também tardiamente se iniciou o processo do que vem sendo chamado de modernização da sociedade.[23] A partir de meados de 1970, a produção infanto-juvenil responde por uma significativa parcela do mercado editorial brasileiro. E a escola, mais do que nunca, representa o local onde se captam as expectativas para a criação de uma literatura adequada para crianças e jovens e para onde convergem as atenções dos interessados na divulgação e manutenção dos seus próprios valores, numa espécie de círculo vicioso.

Portanto, foi sempre uma produção bastante mediada e, por isso, bem medida.

Em síntese: os padrões atuais para a *medida* — ou catalogação por idade — são facilmente perceptíveis: as narrativas geralmente são curtas, embora mais longas do que nos catalogados como infantis;[24] as letras são maiores que as dos livros

---

23. LAJOLO, Marisa & ZILBERMAN, Regina. *História e história*. Op. cit, p. 21.

24. Ver MARTINS, Maria Helena. *"Trata-se então de uma literatura constituída por uma espécie de introjeção do que seria a leitura de seu leitor virtual. A destinação a identifica também como uma manifestação datada: pelo aspecto temático-ideológico, pela*

sem catalogação, mas menores que as usadas em textos para crianças. Há menos ilustrações do que nos infantis e as cores variadas cedem lugar ao branco-e-preto. Quanto ao aspecto temático-ideológico, à linguagem e ao ponto de vista narrativo, como nos livros catalogados como infantis, percebe-se a preocupação com o (e a introjeção do) destinatário. As personagens quase sempre são jovens vivendo na época em que os livros são escritos.[25]

Será que os jovens — ou aqueles que escolhem ou indicam livros para jovens, principalmente os professores — precisariam estar amarrados a uma catalogação por idade? Certamente ela ajudaria, se servisse como uma espécie de mediação...; uma pré-seleção feita por leitores interessados na formação de leitores efetivos... Afinal, poderíamos chamar de literatura juvenil não apenas os livros produzidos para jovens, mas também os escritos por eles, os da literatura sem idade que os jovens fizeram seus, os que se consideram convenientes para jovens, os efetivamente lidos por jovens... **(VI)**

4. Um novo roteiro

Num primeiro momento, escolhi livros de Stella Carr para verificar, nas entrelinhas de seu texto, o movimento de aproximação de autores e editoras com o leitor-jovem (e seu professor); fez-se necessário, num segundo momento, um movimento contrário.

Lendo a *aventura* de outros tempos, vivendo-a e, simultaneamente, acompanhando-a por intermédio de produtos culturais contemporâneos (livros, filmes, vídeos, noticiários impressos ou televisados, jogos...) delineei um novo percurso para minhas reflexões sobre literatura e escola.

---

linguagem, pelo ponto de vista narrativo, pelas personagens, por tudo, enfim, orientado para o (senão pelo) leitor a quem se dirige 'Crônica de uma utopia. Leitura e literatura infantil em trânsito'". São Paulo, Brasiliense, 1989, p. 13.

25. Interessante que são chamados "livros juvenis", e não romance, novela, conto...

Como apareceria — ou se mascararia — a *violência*, tão assustadora e presente em nosso dia-a-dia, mas, ao mesmo tempo, tão banalizada em *best-sellers*, na televisão, nos jornais? De modo geral, não se encontram nos livros juvenis a brutalidade e a *cor sanguínea* da moderna ficção, contraditoriamente transformadas em isca para seduzir leitores ou espectadores jovens e adultos...

Contrapor livros juvenis contemporâneos a livros não catalogados como literatura juvenil — mas com características do que se convencionou chamar de romance de aventura — poderia ser um exercício de aprofundamento de questões sobre leitura e mediação da escola, afuniladas, neste momento, para uma reflexão a respeito dos limites da *aventura* na atualidade (e das limitações de uma produção editorial especificamente produzida para jovens escolares).

O *exercício de leitura* proposto por este novo roteiro constitui a segunda parte deste livro[26]. A *violência* foi se definindo, pouco a pouco, como a temática catalisadora deste novo roteiro, assim como a *aventura policial* — principalmente na sua vertente de *suspense* —, o gênero privilegiado.

Infância dos mortos (José Louzeiro) — livro escolhido como eixo de análise nesta parte — foi, na verdade, o motivador da proposta. Li-o, num primeiro momento, como estava lendo outros que traziam personagens-bandidos como protagonistas; constava na bibliografia de um curso que fazia sobre romance policial.

Por que escolhê-lo, entre outros?

Embora não seja catalogado como juvenil, é um livro em que o *jovem* aparece forte em sua esperança e na desesperança absurda de um tempo sem tempo. Um livro sobre aqueles que são obrigados a atravessar cedo *a linha de sombra*[27] de sua geração, mas não têm tempo de narrar as suas histórias, ao contrário de muitos heróis de romances de aventura.

---

26. A segunda parte deste livro origina-se de minha tese de doutorado "Aventura e desventura de heróis menores", orientada por Ligia Chiappini (1994).

27. Referência ao livro *Linha de sombra* de Joseph Conrad.

O texto de Louzeiro é forte e violento como a história que narra. O autor fala-nos de feitos extraordinários e coloca-nos, ao aventurar-se na criação de heróis menores — *pixotes*, se assim o quisermos —, nessa linha de sombra entre espaços, tempos, idades. Mais: coloca-nos diante de uma demarcação de mundos, ao abrir espaço para heróis sem tempo para completarem seus tempos. Enfim, o livro tematiza uma certa adolescência, uma certa juventude, diga-se, nada exemplar, embora já tipificada.

Essas constatações adquirem relevância quando confrontadas com as advindas da leitura de livros catalogados como juvenis. Neles, como vimos, as personagens geralmente são jovens; mais precisamente, jovens *escolares*. As diferenças, à primeira vista muito grandes, encaminham composições ricas de sugestões e nuanças; sombras e luzes, que nos remetem a outras linhas de sombra como as existentes entre gêneros literários maiores e menores; entre literaturas maiores e menores; para leitores maiores e menores. Os caminhos claros, lineares, progressivos se fazem à custa do apagamento de uma face negra, tortuosa. Neles, a ausência de horizontes.

Não temos mais a assinatura de clérigos aprovando as adoções de livros em escolas, como nos séculos XVIII e XIX. Mas o fato de serem catalogados como juvenis representa, da mesma forma, o aval, a recomendação para muitos professores. Podemos saber, então, antes mesmo da leitura, que determinados livros são recomendados para jovens, enquanto *Infância dos mortos* não o é.

Em princípio, essas relações permitem vislumbrar uma espécie de fronteira entre dois universos juvenis diferentes: o dos protagonistas pensados como heróis vencedores e o dos predestinados a perder. Esses universos, ao se fazerem perceptíveis na *aventura* vivida pelas personagens/jovens protagonistas das ações, parecem delinear o perfil dos virtuais leitores juvenis: os considerados predestinados a vencer (personagens de livros catalogados como juvenis).

A *aventura* verdadeira, porém, parece estar no universo daqueles que vivem a aventura desventurada.

Abordaremos, a partir de agora, a literatura juvenil, fazendo leituras *de viés*. Em primeiro lugar, a leitura de *Pixote* e *Infância dos mortos* de José Louzeiro,[28] livro não catalogado como juvenil; em seguida, a do juvenil *A gang do beijo*, do mesmo autor, abrindo horizontes para a releitura de outros livros considerados adequados à leitura de jovens. Essas leituras podem apresentar-se como uma possibilidade de análise de outros livros, pelo confronto das personagens juvenis nessa literatura, e pelo diálogo entre ela e livros tradicionais de aventura.

---

28. Os livros que analiso — LOUZEIRO, José. *Pixote, infância dos mortos*. São Paulo, Global, 1991 e LOUZEIRO, José. *A gang do beijo*. Rio de Janeiro, Nova Fronteira, 1984, atualmente são editados pela Ediouro. O autor, ao mudar de editora, procedeu a uma revisão em ambos. Além de pequenos acertos, houve acréscimo de alguns capítulos, personagens e mudanças em alguns episódios, principalmente em *Infância dos mortos*. Optei, entretanto, por manter o meu olhar sobre as edições que serviram de base para minha primeira análise, fruto do esforço de entendimento das *entrelinhas daqueles livros*; a mudança poderia descaracterizar esse olhar, e, conseqüentemente, a análise feita tão no corpo-a-corpo com os textos. As modificações operadas pelo autor não comprometem o exercício de leitura proposto neste livro nem impedem que as questões aqui levantadas sejam postas também na leitura de exemplares das edições revisadas. As mudanças mais significativas serão apontadas em notas de rodapé. Ver LOUZEIRO, José. *Pixote, infância dos mortos*. Rio de Janeiro, Ediouro, 1998; LOUZEIRO, José. *A gang do beijo*, 5. ed., Rio de Janeiro, Ediouro, 2000.

SEGUNDA PARTE

1. A aventura de heróis menores em *Pixote, infância dos mortos*, de José Louzeiro

> "Minha vida é como o vento: não tem nada que a segure." (um menino de rua)

A história de um livro: realidade e/ou ficção?

O título, quando o livro foi lançado em 1977, era *Infância dos mortos*. *Pixote*, nas capas (com x, e não com o ch do nome de uma das personagens),[1] aparece apenas após o sucesso do filme dirigido por Hector Babenco, realizado a partir da narrativa de Louzeiro, na qual uma outra personagem — Dito — protagoniza a história.[2]

Pichote é um menino que dorme ao relento, acorda cedo para fugir dos guardas. Com onze anos, integra-se a um grupo de garotos de rua, a convite de Dito para ir a São Paulo entregar uma encomenda. Pichote não faz a viagem: é baleado e

---

1. Na nova edição revista, o nome da personagem é corrigido. Não é mais Pichote, e, sim, Pixote.

2. Podemos encontrar a explicação do porquê do ch, no livro de Louzeiro — *Pixote, a lei do mais forte* (1993). O nome resulta da fusão de dois nomes: Pixita (amigo de infância do autor — sem família, morto ainda jovem), e Pichote, um menino de rua que freqüentava a Central do Brasil, no final da década de 1950. Louzeiro entrevistou-o: "*Perguntei seu nome, ele disse risonho como Pixita: sou Pixote. Mostrou a ficha do SAM, onde assinou com ch e as letras eram imprecisas, coisa de quem estava aprendendo a escrever. Pixote explicou sem perder o bom humor: 'Minha mãe me botou naquela ratoeira mas eu dei um pinote'*". *Pixote, a lei do mais forte*. Rio de Janeiro, Civilização Brasileira, 1993, p. 22.

morto pelos guardas de um cemitério. Apesar de assustados e bastante abalados, os meninos pegam o serviço. Em São Paulo, descobrem que foram traídos pela mulher a quem deveriam entregar o pacote e de quem receberiam o pagamento do serviço. Presos, sofrem muito nas mãos dos policiais. São torturados, mas conseguem fugir. Antes de voltar ao Rio de Janeiro, Dito mata a traidora, outra mulher e um homem ligado a ela.

A apresentação seguida da morte de Pichote e a traição de Débora com a conseqüente vingança de Dito introduzem a história que segue linearmente as ações do rapaz e dos meninos de rua liderados por ele, após esses acontecimentos.

São oito capítulos, divididos em partes. Essa divisão não implica multiplicidade de eixos narrativos: são apenas pausas que desaceleram o fluxo dos acontecimentos. Os episódios se encadeiam aos movimentos da personagem: ora ofensivos (perseguição e morte de Cristal e de policiais que o perseguem e torturam), ora defensivos (sobrevivência nas prisões, resistência às torturas, fugas).

No acelerado ritmo desses acontecimentos, que constituem o cotidiano da personagem, intercalam-se lembranças, sonhos, amizades, amor; o trabalho honesto e os trabalhos desonestos. Dito morre ao se entregar para os policiais, depois da tentativa de um segundo assalto. É jogado por eles do alto de um prédio.

Louzeiro propõe seu livro como um romance-reportagem. Jornalista atuante, quando fala sobre seu método de criação, esclarece que concebe seus livros a partir de fatos que acha que merecem ser expostos aos olhos da população por serem mostra dos absurdos que acontecem, são exaustivamente denunciados, mas permanecem, apontando uma paralisia geral. Seus livros seriam sua forma pessoal de vencer essa imobilidade.

A história de *Infância dos mortos* origina-se de um fato acontecido em Camanducaia, cidade mineira que faz fronteira com São Paulo. Louzeiro, que trabalhava naquela época no jornal *Folha de S. Paulo*, foi encarregado de cobri-lo. O próprio autor relembra o episódio, em seu livro *Pixote, a lei do mais forte*.

> "A polícia prendera uns 50 garotos, quase todos nus, feridos, expostos ao frio intenso. Mandaram me chamar em casa... Na delegacia fui recebido pelo policial João Domingo... (que) prontificou-se a mostrar as celas onde estavam os garotos... Um deles — o *Dito* — dizia que tinham sido desovados uns três quilômetros antes de Camanducaia... encarou-me como se fosse seu pior inimigo... Tentei puxar conversa. Nada. O pivetinho *Sete* ... decidiu falar.
>
> Na noite anterior, policiais da Rota começaram a pegá-los pelas ruas, no centro de São Paulo. Eram levados para o ônibus... nas proximidades do Teatro Municipal.
>
> Iam fazer uma excursão, dizia o motorista, debochado. *Dito* resolveu aproximar-se. Falava com raiva: 'havia cem garotos na merda do ônibus, entraram uns tiras, com dois cachorros...' Depois de quase uma hora quis saber para onde eram levados... Um PM segurou-o pelo blusão, deu-lhe uns tapas, disse que estavam cumprindo um programa turístico. Ordens superiores... Ficou todo mundo pelado... Tava muito escuro. Caí numa encosta e rolei até perder os sentidos. Quando acordei, ainda chovia... Meio zonzo, fui encontrando o pessoal. Muitos não agüentaram o tranco".[3]

Em março de 1975, era divulgada a decisão do procurador-geral da justiça de São Paulo, Oscar Xavier de Freitas: por entender que não havia crime a punir, determinou o arquivamento do processo que apurava o *caso Camanducaia*.[4]

Assim, nas páginas iniciais de *Infância dos mortos*, em lugar de uma epígrafe, duas informações aos leitores:

> Os fatos que substanciam esta narrativa foram tirados do nosso amargo cotidiano. O autor não teve a preocupação de alinhá-los, cronologicamente, nem se absteve de descrever situações brutais, que mostram muito bem o grau de desumanização a que chegamos. (p. 6)
>
> Há cerca de 15 milhões de menores abandonados ou em estado de carência no Brasil, à espera de alguma ajuda. Representam pouco menos de um terço dos 48 milhões, 226 mil brasileiros entre 0 e 18 anos distribuídos pelo Norte (3,83%), Nor-

---

3. LOUZEIRO, José. *Pixote, a lei do mais forte*. Op. cit., p. 22.
4. Idem, ibidem, p. 30.

deste (31,64%), Sudeste (42,91%), Sul (16,64%), e Centro-Oeste (5,08%). *Jornal do Brasil*, 5/4/76 (p. 6).

Quem se propõe a ler esse livro, hoje, não pode ignorar informações que atualizam e reforçam os dados que substanciaram o romance em 1977. Aos leitores de então, os crimes cometidos pelos menores e, principalmente, os cometidos contra eles, não estavam tão presentes.[5] Nesse sentido, pode-se dizer que Louzeiro foi até profético.

São constantes as revoltas de menores nas instituições que os prendem, como a Febem, as denúncias das entidades de proteção aos meninos de rua, dos direitos humanos e, fundamentalmente, a presença cada vez mais agressiva, nos grandes centros urbanos, desses que se passaram a chamar *pixotes*, após acontecimentos ligados ao filme de Babenco (refiro-me à trágica morte do ator Fernando Ramos, protagonista do filme de Babenco). Tudo isso tem trazido informações cada vez mais estarrecedoras para as manchetes da televisão, jornais e revistas, ou seja, ao vivo e em cores.

Hector Babenco assinou um clássico do cinema, não um documentário. Adaptou-o do original de Louzeiro. No papel principal, Fernando da Silva Torres, na ocasião, com 12 anos. O menino foi recrutado na favela de Vila Ester em Diadema (São Paulo) e teve um ótimo desempenho, à altura da atriz Marília Pera, o que o tornou famoso não só no Brasil. Tentou, por uns tempos, manter a fama, trabalhando também em tele-

---

5. Divulgam-se pela imprensa, atualmente com muita freqüência, dados estatísticos referentes ao aumento da população de crianças sem lar (fala-se agora da geração dos nascidos na rua); ao aumento da criminalidade infantil; ao aumento da prostituição de meninas; ao aumento dos assassinatos de crianças. Assim também, as sínteses de relatórios de comissões internacionais ligadas à defesa dos direitos humanos apontam a situação estarrecedora em que se encontram as instituições encarregadas da detenção de menores: "A Anistia Internacional divulgou... relatório em que condena a ocorrência de maus tratos contra internos da Febem e classifica a situação das unidades de 'aterradora'. ... No capítulo sobre Brasil,... afirma que o sistema de detenção de menores em São Paulo apresenta superlotação e acusa o governo de omissão. Segundo o documento, muitos adolescentes são agredidos e espancados por guardas da instituição com pedaços de pau e barras de ferro. O relatório condena ainda o fato de adolescentes dormirem no mesmo colchão ou mesmo sentados, graças à superlotação..." *Folha de S. Paulo*, Cotidiano 19/10/2000.

visão. Não conseguiu. Depois de uma tentativa de roubo, foi perseguido e morto por policiais, no barraco onde voltara a morar, em Diadema. Acabara de completar vinte anos. Uma ironia da realidade com a ficção?

Houve julgamento porque a notícia foi levada ao ar por Caco Barcelos que, conhecendo as estratégias usadas pelos policiais para saírem livres de acusação, tornou-a escandalosamente pública.[6] Por três votos a dois, o tribunal não só aplicou a pena mínima por homicídio (seis anos) a eles, como também reduziu-a em um terço, por considerar que agiram por excesso de defesa, baseando-se na justificativa dos acusados ao dizerem que Fernando Ramos estava armado. Não foi isso o que se soube na época: Fernando/Pixote tentou escapar, protegendo-se embaixo da cama, onde foi *devidamente fuzilado*.

Louzeiro criou um *Pixote* de ficção que se transformou em um Pixote, personagem do filme, e apelido do ator, que viveu seu papel para além do filme, tornando-se o nome sinônimo de *garoto de rua*. O escritor acompanhou de perto a trajetória do menino, após seu sucesso inicial. Publicou em: *Pixote: a lei do mais forte*, relato verídico sobre seu envolvimento com Fernando. *A lei do mais forte* foi também transposto para o cinema.

Ficção ou realidade? Muito se tem falado sobre o poder da mídia: os fatos ocupando o lugar das narrativas; o aconteci-

---

6. Ver o livro de Caco Barcelos — *Rota 66*. O autor, após investigação exaustiva, expõe os mecanismos usados pela PM, não só para o massacre dos *elementos* que policiais consideram marginais, como também as artimanhas que usam esses policiais para saírem ilesos das acusações, se denunciados. O caso de Fernando ocupa três capítulos da terceira parte do livro. O último — "Pelo amor de Deus não me mate." — termina com a fala de Walter Cipolli, coordenador de proteção patrimonial de uma indústria de Diadema, a respeito de sua demissão: *"Nós só fomos demitidos porque o cara era famoso, culpa do filme que ele fez."* BARCELOS, Caco. *Rota 66, a história da polícia que mata*. 4. ed. São Paulo, Globo, 1992, p. 243. Ver notícia atual, para verificar a semelhança e permanência das questões: *"Violência: Uma pessoa morreu e um adolescente ficou gravemente ferido durante operação militar ... na região metropolitana do Rio. A origem dos disparos que atingiram as duas vítimas ainda não foi determinada... A PM está aguardando o laudo sobre as balas que atingiram as vítimas para saber quem atirou contra elas... Familiares e amigos das vítimas afirmam que os policiais são os autores dos disparos que atingiram ... o adolescente) Folha de S. Paulo*, Cotidiano, 19/10/2000.

mento sendo mais emocionante e melhor estruturado do que os produtos da imaginação de autores. Assim também somos levados a acompanhar esses fatos como se fossem histórias fictícias e a verificar o que já se tornou voz comum: *a vida imita a ficção*, contradizendo a visão da arte como *imitação da vida* **(VII)**.

Em *Infância dos mortos*, os fatos narrados não se baseiam em um saber que vem de longe *"do longe espacial das terras estranhas ou do longe temporal contido na tradição"*.[7] Eles acontecem na década de 1970. Podem ser comprovados, hoje, se quisermos; basta sair às ruas. Entretanto eles foram arranjados, em livro — um romance —, como uma história surpreendente. Diria mesmo *extra-ordinária* (fora da ordem), para aqueles que podem lê-la; principalmente para aqueles interessados pela educação de jovens e pela literatura juvenil.

É esse *extra-ordinário* da (e na) história de jovens que me interessa pensar.

A inter-relação ficção/realidade é tão estreita e presente — quanto múltipla (livros/jornais/filmes/documentários) — que inevitavelmente perpassa as leituras do livro.

Uma apresentação de personagens

Um espaço aberto e um amanhecer num tempo não distante. Há trens... há jornais... Assim Louzeiro começa sua narrativa:

> A manhã estava clara e leve. Pichote livrou-se das folhas de jornal, olhou o dia que principiava, os que entravam e saíam apressados na estação de trem. Ergueu-se, antes que os guardas aparecessem. Surgiam por volta das 6 horas e espancavam os que podiam pegar. Era a quarta vez que dormia na estação e escapava dos guardas. Dito não acreditaria. Na primeira madrugada, acordou ainda escuro. Na verdade, não chegou a dormir direito. Na segunda, despertou com o barulho dos jornaleiros e do homem do bar, suspendendo as portas de ferro. Na outra, sentiu alguém mexendo nos seus bolsos. Era o crioulo

7. BENJAMIN, Walter."O narrador, considerações sobre a obra de Nicolai Leskov". Op. cit., p. 202.

risonho e bêbado, canivete apontado. Não gritou, não disse nada. O crioulo revistou-lhe os bolsos, até encontrar a cédula de cinco. Teve vontade de correr atrás, gritar-lhe palavrões, mas sabia o quanto era arriscado. Por isso, tornou a encolher-se. Chorou baixinho e, chorando, adormeceu. Despertou com a barulheira dos caminhões descarregando jornais. (p. 9)

A clareza e a leveza da frase inicial parecem contradizer as antecipações que, por acaso, o leitor tenha feito — o de uma leitura *pesada* — a partir do título e das informações prévias a respeito da infância no Brasil (ou da visão do próprio filme).

Imediatamente, porém, essa leveza e luminosidade são sombreadas: a personagem apresentada não tem um nome qualquer. Chama-se Pichote. Para os leitores de hoje (mesmo para aqueles que não tenham feito antecipações sobre o que irão ler), o nome vem carregado de conotações. *Pichote* talvez não tenha antecipado nada para os leitores da época de seu lançamento. Talvez também não antecipe nada para um leitor estrangeiro ...

Mesmo para o leitor desavisado, o perfil dessa personagem/criança-menor de rua vai rapidamente se delineando: dorme naquele lugar pela quarta vez; é perseguida por guardas e por outros mais velhos que a roubam. Chora porque tem medo de apanhar dos adultos e é perseguida por guardas. Percebemos um narrador envolvido e nos envolvendo: apresenta-nos Pichote, falando-nos de seus sentimentos, de suas vontades. A voz que nos fala vem da personagem: "*Dito não acreditaria*". Aproximamo-nos dela: o discurso indireto livre nos distanciando dos fatos objetivos de um texto *apenas* jornalístico **(VIII)**. O garoto cobre-se com jornais e é acordado pelo caminhão que os entrega. As notícias estão bem próximas. Contudo, o enfoque é outro: os acontecimentos que o leitor lê não são formulados para serem lidos como notícia. Fatos, sensações, sentimentos se entrecruzam.

A história começa a se construir: algo vai acontecer a um menino que dorme nas ruas de uma cidade movimentada. No segundo parágrafo do primeiro capítulo, a visão do narrador aproxima-se mais do garoto que acorda surpreendentemente leve e feliz:

> Desta vez, o que o levava a acordar tão cedo era o compromisso com Dito, Manguito e Fumaça. Cristal apareceria, entregaria o bagulho, retornariam à estação, seguiriam como clandestinos até São Paulo. Pichote nunca fora àquela cidade. O plano o fascinava. Não se recorda de emoção maior: viajar. Sair andando por ruas desconhecidas, com edifícios bem mais altos que os do Rio. ... Embora fosse o menor do grupo, foi a ele que Dito escolheu. Com certa sensação de vaidade, nos seus 11 anos de vida e pelo menos três de delinqüência, Pichote afundou as mãos nos bolsos, pôs-se a pular por entre os que chegavam em grandes levas, a rodopiar, a rir das caras sérias, dos olhares raivosos. (p. 9)

Integrar um grupo que parece ter um *trabalho* importante — sair do Rio e ir a São Paulo entregar um *"bagulho"* — é o motivo da felicidade de Pichote. Por que como clandestino? Novamente a compreensão do leitor dependerá de suas próprias antecipações. Cristal já aparece como o adulto que usa crianças para o tráfico de drogas. Pichote deve saber o que é o bagulho. Sua felicidade baseia-se, então, numa contravenção. O narrador esclarece logo (no terceiro parágrafo, ainda na primeira página): tem apenas onze anos, mas três de delinqüência. Pela segunda vez, refere-se a Dito que começa a aparecer como o chefe de uma espécie de gangue de menores. O narrador prepara a entrada em cena da personagem que, passada a parte introdutória, será o fio condutor da narrativa.

A infância a ser retratada é, portanto, a infância marginal. Mas o narrador coloca-se ao lado dela, cativando o leitor para ela pelos movimentos e modos desse menino, já delinqüente, que esbanja alegria, vivacidade:

> Estendeu a mão..., o homem gordo empurrou-o, as mulheres... esforçaram-se para ignorar sua presença, mas Pichote não desistia, até a velhota de luto abriu a bolsa e tirou uma cédula de pouco valor... Saltou em meio a outros grupos, cantou modinhas safadas, riu, puxou a saia da colegial, ... parou na porta do bar, o negociante mandando afastar, meteu-se no meio dos estudantes, veio-lhe a vontade de dizer que há dois dias não comia... Pichote não tinha o que reclamar daquela manhã clara e leve. (p. 10)

O ritmo da narrativa assemelha-se à rapidez e à leveza de Pichote, livre e solto pelas ruas da cidade. Os sérios, os raivosos constituem um pano de fundo, talvez um contraponto nos caminhos daquele garoto. De forma sub-reptícia, indireta, o narrador leva-nos a ver o mundo pelos olhos do menino. Assim, aparecem o sujeito gordo e, em vez de uma senhora idosa de luto, uma "*velhota*". Não é uma visão simpática. Importante notar, na constituição do cenário, a presença da *outra infância*: aquela que vai para a escola. Pichote puxa a saia da colegial...: *as duas infâncias se tocam. Mas não se confundem; não se misturam.*

A leveza da personagem solta nas ruas da cidade (Rio de Janeiro), apresentada como um espaço alegre e movimentado, convida o leitor a caminhar com ela. Todavia, essa alegria é sombreada... Como um aviso agourento, há sinais de luto, que a personagem não sente, mas que o narrador insinua. Pichote, na ingenuidade de seus passos livres pelas ruas, encaminha-se para o ponto de encontro com sua turma: *o cemitério*. Nesse momento, porém, é apenas um pedestre. E o narrador caminha com ele, num discurso que se assemelha à trajetória da personagem. Seleciona e fragmenta o espaço percorrido, como se fosse uma criança a saltitar:

> Depositou a xícara no balcão, quase tão alto quanto ele, correu para a fila, sumiu no bolo que se formara de repente, à entrada do coletivo. Empurrou e recebeu empurrões, a mocinha de óculos chamou-o moleque, o homem da pasta tentou acertar-lhe um cascudo, mergulhou na confusão de pernas e corpos, emergiu ao lado do cobrador... (p. 10)

A viagem planejada reduz-se a uma viagem curta num ônibus. Aí, o garoto é, mesmo que por instantes, igual aos outros. Da condução em movimento, vê a cidade passando como um filme: um espetáculo a ser apreciado. Cinematograficamente a narrativa vai, da mesma forma, se desenvolvendo, revelando um esforço de simultaneidade na linearidade da linguagem escrita:

> Demorou-se olhando a cidade ainda sonolenta, fiapos de névoa nos ramos e nas torres, os casarões cercados de árvores,

a fábrica com suas chaminés fumegando, a garotada na porta da escola, esperando a sineta tocar. Perto do cemitério deu sinal e levantou-se, com certa pena de abandonar o conforto, seguiu pela rua de calçadas esburacadas, tocos de velas queimando junto ao portão de ferro... Por que tanta segurança? Temiam que as almas escapassem? Lembrou do internato, de onde fugiu... (p. 14)

Sombra e luz, novamente. Pichote só vê a luz. A cidade não é apresentada como inimiga e não o incomoda a constatação de que crianças, como ele, esperam tranqüilamente a sineta para entrar na escola. Esses incômodos devem ser nossos: dos leitores. Mas são percepções provocadas pelas sombras, colocadas pelo autor na fala de seu narrador. Pichote não sabe que a *pena* que sente ao terminar seu trajeto/filme deveria ser a *pena* pelo final da trajetória de sua vida. Metaforicamente, a personagem tem de descer do ônibus, contra a sua vontade.

A história de Pichote é curta. Seus projetos ficam no sonho. Não chega a perceber as dificuldades que teria, se conseguisse sobreviver à infância. Dito concretizará, na narrativa que Louzeiro arranja como romance, a tentativa de romper os caminhos destinados a tantos Pichotes, expondo a dificuldade como real impossibilidade. Pelo restante do capítulo fica sinalizado que o narrador estará próximo a Dito, assim como na primeira parte esteve perto de Pichote.

Não são *peripécias*, o que vivem as personagens. Tal palavra é geralmente usada quando falamos de episódios, com façanhas heróicas, alegres, ousadas, às vezes inconseqüentes, que, conectadas, compõem uma seqüência narrativa maior. A partir dessa visão inicial, pode-se ampliar a percepção de que existe uma situação a ser resolvida por esses meninos: terão de lutar para sobreviver à infância, período passageiro na história de vida de pessoas *comuns*.[8] Entretanto, pôde-se ler na

8. Ver ARIÉS, Philippe. *História social da criança e da família*. Trad. de Dora Flaksman. Rio de Janeiro, Guanabara, 1981: interessante estudo sobre as modificações que ocorrem nos conceitos de infância, juventude e adolescência em diferentes períodos históricos.

primeira parte — por meio do curto aparecimento de Pichote — que sair dessa fase é o desafio para meninos como ele.

Surpreendem-nos, já nas primeiras falas dessas personagens, seus interesses por coisas maiores, ou *de maiores*, ao lado das providências que começam a tomar para realizá-las. Apesar de tudo, estão vivos e demonstram gostar da vida. Passariam sem grandes traumas para a idade adulta:

> — E a mulher de São Paulo! Como será?...
>
> — Ora, deve ter um rabo enorme e já tá devendo três mil para a gente. (p. 23)

Até então, o leitor não sabe a idade dos garotos. Na seqüência, identificará Fumaça como o menor do grupo, após a morte de Pichote. Manguito tem quatorze anos e Dito, quinze para dezesseis. A irreverência com que os meninos mostram o interesse pelas mulheres indica uma convivência *avançada* com costumes dos adultos e um linguajar — diríamos — de *calão* para os padrões que se espera das pessoas educadas, embora saibamos que, mesmo em rodinhas *educadas*, principalmente masculinas, esse linguajar funciona como prova de familiaridade com experiências no ramo.

Enquanto os meninos são apresentados com simpatia, os funcionários do cemitério (os primeiros adultos que não aparecem apenas como pano de fundo) entram em cena para chocar o leitor:

> — Doutor Alencar, tem um probleminha aí para ser resolvido — diz o vigia-geral, um tipo mulato e forte...
>
> — Que problema é esse que tá lhe preocupando, seu Laerte?
>
> O mulato faz um sorriso.
>
> — Galego e Negão cumpriram as ordens...
>
> — Que ordens?
>
> — Não deixar pivete ficar roubando no cemitério. Um deles, pelo menos, não vai mais criar problema. (p. 16)

O vigia, *"mulato e forte"* literalmente descarrega para um funcionário administrativo, Dr. Alencar, a morte do menino. As personagens são introduzidas quase sem a mediação do narrador. As falas são rápidas e as frases que as introduzem também. O diálogo deixa pouco espaço para o leitor construir essas personagens:

> — Como foi isso, seu Laerte?
>
> — A verdade é difícil de saber. Mas, pelo que conta Negão, Galego acertou um dos pivetes. Pra evitar bronca maior, mandei botar o corpo na terceira capela.
>
> A terceira capela é a menor de todas. Há anos não é usada. Agora, ali, guardam-se objetos imprestáveis...
>
> — Quantos anos pode ter esse menino?
>
> — Uns dez. Mas o que sabem fazer o senhor não pode imaginar...
>
> Dr. Alencar não está preocupado com a morte do menino; preocupa-o a forma de se livrar do corpo, sem que haja problema. (p. 16)
>
> O mulato arreganha-se num riso cínico, bate as mãos.
>
> — Ora, doutor, foi aquilo que se combinou. Um zelador termina saindo muito mais barato que um vigia. E não custa fazer as duas coisas. (p. 18)

Assim, o garoto é enterrado num jazigo, ali mesmo, antes que a coisa transpire: eles sabem que não teriam como justificar externamente o fato de um zelador estar armado: mas, pela sua lógica, justificados estão. Ao descrever o riso do mulato, o narrador não se mostra neutro: arreganhar-se num riso é mais do que rir, atitude que já seria forte, após uma situação como a relatada. Além disso, o riso é "*cínico*". Esse narrador, com sua adjetivação, não apenas mostra um rosto: qualifica o que vê; aponta uma cumplicidade do funcionário subalterno com o Dr. Após essa descrição, fica difícil pactuar com essas personagens. Somos levados a uma ligação com o garoto, agora, apenas um corpo.

> — Quero que o assunto fique em absoluto sigilo, sob pena de ter de levar ao conhecimento das autoridades, o que não seria bom pra mim e muito menos para vocês dois.
>
> Negão sacode o ombro em sinal de indiferença... Aí, não sabe por que, Negão sente vontade de fazer uma indagação igualmente desafiadora ao superior.
>
> — Daqui para frente se deve agir como agiu ou deixa a pivetada tomar conta do cemitério?

Dr. Alencar pisca um olho, sorri, o zelador entende bem o que isso significa. (p. 22)

Se Louzeiro constrói um narrador que evita tecer comentários e que opta por uma atitude de mostrar, mais do que contar, mas que resulta ser um elo entre os meninos e o leitor, desencadeando sua empatia — nessa seqüência do cemitério, ele aparentemente se trai e deixa a sua presença marcar posição. Há um saber do autor que, mesmo optando por um narrador que nos leva a acompanhar Dito, às vezes aparecerá fazendo ver (ou nos relembrando, uma vez que apela para nosso conhecimento da realidade) o que essa personagem não pode ver. Leva, com isso, a perceber a *ignorância* das personagens de quem nos aproximamos — as crianças —, enquanto mostra, entre os *adultos*, o *acordo do silêncio*, indiciando o que isso significa.

A leitura dos episódios longe dos meninos permite saber coisas que Dito não tem condições de alcançar. E, se lemos sua epígrafe, podemos supor que ele — o escritor atrás desse narrador — nos considera, também, um pouco cegos. Daí a importância de localizar-nos em posição facilitadora de percepção mais abrangente das situações vividas pelas personagens com as quais nos faz simpatizar. No texto ficcional não podemos mexer; em fatos da vida real, quem sabe.[9]

Ao se completar a apresentação das personagens responsáveis pela morte de Pichote, completa-se também a sua participação efetiva. Elas, como Pichote, tipificam personagens que povoarão a história construída a partir dos acontecimentos no cemitério.

Outra apresentação importante que se faz no primeiro capítulo é a do adulto que contrata os meninos para um traba-

---

9. Veremos, mais adiante, como essa espécie de não-crédito no leitor, como pessoa real capaz de entender os fatos da realidade, acaba por diminuir a densidade conseguida na construção da história pela criação das personagens/meninos de rua. Uma ênfase na demonstração da crueldade — que pode até não ser exagerada, se confrontada com a realidade — deixa muito claro um posicionamento explícito do autor — uma determinada estereotipia — não condizente, na minha opinião, com o cuidado na construção das personagens meninos de rua. Nessa construção dos meninos, também Louzeiro não teme chocar o leitor, mas o faz de forma mais convincente — não caricatural.

lho: levar uns *"pacotinhos"* costurados nas calças para São Paulo. Precisam de dinheiro e não contam com a proteção de ninguém. O leitor conhece o adulto, com nome Cristal, pelos olhos de Dito. O narrador registra suas falas e coloca-se de frente para ele, como Dito, trazendo para bem perto do leitor sua fisionomia e seus gestos:

> Dito vai entrando, cauteloso. Aproxima-se de Cristal, que ainda está exercitando na sinuca.
>
> — Olá, meu chapa! Pensei que tinha esquecido o nosso compromisso... Cadê os coleguinhas?
>
> Cristal percebe a aproximação de Manguito e Fumaça. Senta-se na mesa de sinuca e põe-se a falar.
>
> — Vai ser um negoção. Primeiro umas amostras grátis. Depois, quando tiverem bem seguros, a coisa engrossa. Mas só nesse servicinho de nada já vão levar cinco mil pratas...
>
> Dito não gosta muito daquele cara, que fala sem parar e parece entender tudo. (p. 20)

Cristal sabe que Dito é uma criança, mas negocia com ele com regras de adultos. A personagem e seus amigos preparam-se para uma aventura, no sentido literal da palavra: vão *expor-se à ventura*. Não partem para uma viagem de aventura programada; ou brincam de aventuras: não estão desafiando o perigo para atestar coragem. Sabem de seus limites e é com essa percepção que começam a se preparar para o trabalho.

Os leitores acompanharão essas personagens: crianças tentando deixar as peripécias de rua; tentando buscar os meios para se fazerem valer; tentando atravessar uma espécie de linha que separa mundos diferentes: crianças e adultos; os que possuem e os que não possuem; os que moram e os que não moram. Todavia, é com a alegria de jovens partindo para uma viagem turística que os vemos, ao terminar o primeiro capítulo: *"Manguito distribui os sanduíches, Dito oferece as balas de leite que ainda tinha nos bolsos."* (p. 30)

O motivo — viagem —, tão presente em livros tradicionais de aventura, também aqui está presente. Se no início do livro a narrativa leva-nos a acompanhar, através de um vidro de um ônibus e pelos olhos de Pichote, o amanhecer de um dia luminoso no Rio de Janeiro, vê-se agora, passada apenas uma noite, um amanhecer em São Paulo. A personagem assemelha-se a um guia em um *city tour*:

> Manguito encontrou acomodação num banco, por trás do motorista. Fumaça está sentado ao lado de Dito. É a primeira vez que vinha a São Paulo. Os viadutos se entrecruzando, os túneis, as avenidas largas, tudo isso enchia o garoto de curiosidade. Dito respondia às suas indagações. (p. 31)

Depois do movimento acelerado do dia anterior, os meninos, por um momento, acomodam-se. Entretanto, assim como Pichote, *desacomodam-se* no momento em que descem do ônibus. A paisagem, vista de baixo, não lhes promete muito:

> Saltaram na rua de casario antigo, onde eram raros os edifícios e em quase todas as esquinas e nos bares, viam-se japoneses. A rua era esburacada. Entraram numa lanchonete, ... Fumaça ria cada vez que o japonês da caixa falava com o outro, debruçado no balcão. Não entendia absolutamente nada do que diziam, achava graça disso... Os garotos levantam-se, recomeçam a caminhada. O dia é sombrio... (p. 31)

A cidade é suja, mas não deixa de ter um quê de *exotismo*: estão sob o olhar curioso de um japonês. Mas é pouco o tempo que têm para curiosidades, para o pitoresco. Não incomodam a Fumaça o casario antigo e as ruas esburacadas. Interessa-o aquele novo mundo que se abre para ele. Está pronto para vivê-lo. Alegra-se por conhecer nova gente, costumes diferentes. Os orientais o fascinam. Mas o deslumbramento dura pouco uma vez que o cotidiano de uma vida não tão nova para eles volta a orientar seus passos, numa caminhada tão sombria quanto o tempo físico e natural. Imediatamente, começam a ver suas possibilidades se fechando, como aquele *corredor* que atravessam para o encontro planejado por Cristal:

> ... Seguem por um extenso corredor, Dito com todos os sentidos despertos e, ao mesmo tempo, imaginando o quanto ainda era ingênuo, por não ter previsto aquela situação. ... O desconhecido, sujo de tintas... anda fazendo barulho no assoalho de tábuas gastas... Manguito, ao lado, parece não desconfiar de nada. Fumaça vem atrás. O homem empurra a porta, aparecem

as poltronas antigas, de estofado se rasgando, umas cortinas encardidas. (p. 32)

O tempo concentra-se. Novamente as frases coordenadas, a ausência de conetivos (o assíndeto) denunciando a aceleração dos fatos que marcam a transformação da personagem/jovem. O *passeio* continua de forma bem diferente do que esperavam: a mulher de São Paulo os trai e os entrega à polícia; Dito sofre por si e pelos outros, uma vez que se percebe responsável por seus companheiros iludidos com a sua promessa. Forçadamente, começa a descobrir-se homem num *ritual de passagem* bastante macabro:

> O magricela rasga-lhe as roupas. O moreno ajuda a tirar-lhe o *short* ...
>
> — Olha só o rolão que ele tem, chefe!
>
> — Vamos ver se é macho de verdade.
>
> ... as chibatadas não cessam, até que o delegado faz um sinal.
>
> — E agora? Quem são os amiguinhos de Cristal?
>
> ... Caramelo dobra um longo pedaço de barbante em dois, segura os ovos de Dito, amarra-os, entrega o barbante ao dr. Mauro.
>
> — Tu sabe dançar? Se não sabe vai aprender.
>
> Dá o primeiro sacalão no barbante, Dito estremece de dor. O policial ri, Roxão bota a cadeira na frente, o barbante é esticado outra vez...
>
> ... No instante em que ia desmaiar, o barbante afrouxa, Caramelo tira-lhe a borracha da boca, ele cai sentado. Roxão curva-se ao seu lado, fala em tom amigável.
>
> — Vamos lá, garotão. Entrega os caras ou vai acabar castrado!
>
> Dito não agüenta mais. Tem de inventar qualquer coisa. (p. 37)

Também de forma abrupta as fantasias de Fumaça com a mulher de São Paulo se desfazem; se *esfumaçam*. A experiência sexual que se concretiza na cela de uma prisão comum para onde é levado em continuidade ao *tour* que os policiais providenciam para eles é bem diferente daquela com que sonhava. O trecho é longo e a narrativa parece ter por objetivo colocar o leitor bem próximo àquele mundo distante. Fragmento-o, para que se perceba, na crueza do vocabulário, na densidade da cena, o peso dos adultos prisioneiros em sua relação com a fragilidade e leveza do menino: um pequeno animal acuado; uma coisa de brincadeira:

> Roxão ... aplica-lhe um pontapé, o garoto cai, segura-o pelo blusão, sai puxando até junto de uma cela... E, gritando para os que estavam atrás das grades:
>
> — Dois franguinhos para ser depenados!...
>
> — Tá parecendo maternidade! (p. 38)
>
> — Quem vai primeiro com a bonequinha sou eu — adverte o de barriga nua, que tem ares de xerife da cela.
>
> — Depois vou eu — grita um negrão imenso...
>
> ... O que tinha cara de índio não estava interessado em comer Dito. Seu negócio era Fumaça.
>
> — Ele me chupa, quando eu quiser, e cuida da cela. Todo mundo pode cagar à vontade que o Sagüi cuida da limpeza...
>
> ... Pega o braço fino de Fumaça, abre a calça. (p. 40)

O dia é longo. Quando termina — no final do capítulo — Dito já não é o mesmo. Sua ação tem de ser rápida e eficiente:

> Espera um momento em que não há ninguém por perto..., põe-se a subir... Força a janela, entra silenciosamente..., chega a um quarto, ...descobre a tesoura que põe no bolso... Avança..., chega à escada. Desce, abre a porta, Manguito entra, deixa Fumaça vigiando. Passa a tesoura ao companheiro... Num dos quartos há luz... confirmam que a mulher que está dentro é Celina... Retoma a tesoura, Manguito caminha até o quadro de luz elétrica, desliga-a... esbarra na mulher, ela não entende direito o que está se passando... A luz torna a acender. Dito já está segurando-a por trás, crava a tesoura no peito. A mulher tenta escapar... É espetada por baixo das costelas, cai... Dito percebe ter ficado todo manchado, mas não se preocupa. ...Encontra algumas facas e um revólver. Dá uma das facas a Manguito, bota outra na cintura... Vai para o andar superior. O casarão em silêncio. Só as vozes na televisão prejudicam aquela paz... Agacha-se, Manguito segue-lhe o exemplo. Avançam quase deitados no chão. (p. 44)

Não precisam planejar. Comportam-se como frios matadores (piratas invadindo navios? soldados em cenas de guerra?). Quem é Celina? Não importa; têm de chegar a Débora. Dito dirige a ação. O narrador continua conduzindo o leitor para bem próximo dos movimentos e das razões dos meninos que se comportam como guerreiros e o narrador como um repórter na ação. É com requintes de crueldade que matam a traidora. Silenciosamente se entendem em seu ódio.

> Não podia acontecer coisa melhor para o ódio que Dito sentia... A oportunidade era boa demais para haver precipitações... A porta abriu-se. Era o cara que Manguito tinha visto. Acionou o gatilho. O desconhecido não teve tempo de falar... Débora deu um grito angustiado...
>
> — Viemos buscar o dinheiro!...
>
> ... Dito tem a faca apontada para o pescoço.
>
> — Tua morte vai ser lenta, filha da puta...
>
> ... Com a ponta da faca, rasga-lhe a blusa, corta as alças da combinação. Aparecem uns seios grandes e moles... Agarra-a pelos cabelos, crava-lhe a faca nas costas, depois na barriga. Agora Dito está sujo de sangue... Procura uma blusa, troca-se, passa o pente nos cabelos. (p. 45)

De madrugada, estão adormecidos na estação, como Pichote no início do capítulo 1. Acordam *"com a chegada do trem de passageiros, o primeiro que partia aquele dia"* (p. 46). O leitor poderá acompanhar, no final do capítulo, o retorno dos meninos ao Rio de Janeiro. O ritmo da narrativa desacelera-se.

As reflexões de Dito, conduzidas pelo chacoalhar do trem na viagem de volta, aparecem como uma avaliação dos planos de vida da personagem, que toma fôlego. O ritmo pausado das frases parece, da mesma forma, apropriado para desacelerar a leitura e para a divagação dos leitores.

> O cargueiro entrou na curva, Fumaça olha, a região que atravessam é cheia de barreiras, há casebres lá longe... inicia um jogo, pelo qual Dito não está interessado. Estende-se de costas ..., fica acompanhando o barulho das rodas... uns estalos secos e rápidos, como os que ouvira antes de Pichote tropeçar na morte, cair na manhã clara e leve, a mão cheia de flores. (p. 49)

O trecho resulta numa preparação para a seqüência de uma história com *mortes anunciadas*, como diria Gabriel García Márquez. Mas as personagens não lêem esse anúncio e seguem seu caminho. Como antigas personagens-jovens de *livros de formação*, acreditam que superarão as provas, aprenderão com a experiência; sairão vingados e vencedores. Já se livraram de alguns monstros colocados em seus caminhos; precisam eliminar outros, para, então, conquistarem um espaço — e não um castelo — para viverem, se não felizes para sempre, pelo menos, mais tranqüilos.

Lembremos de *Edmundo Dantés*, personagem de Alexandre Dumas. Traído por aqueles que considerara amigos, forja sua vingança nos quatorze anos em que passa numa prisão (e os leitores de *O Conde de Monte Cristo* acompanham sua história em alguns volumes de muitas linhas). Dito trama a sua *vingança* e começa a concretizá-la no mesmo dia em que põe os pés em São Paulo. E acompanhamos sua fuga; a volta ao casarão para o acerto de contas com Débora, num mesmo capítulo.

A história de Dantés, como diz Antonio Candido, é um verdadeiro tratado da vingança:

> ... a conjunção perfeita da vingança com o Romantismo pôde se dar graças à forma literária do romance... A perfeita visão da vindita não se realiza num só momento; requer o encadear sucessivo de acontecimentos, que levam do motivo inicial à desforra final. Requer duração... O romance, do seu lado, precisava no Romantismo de movimento e peripécia, para satisfazer à voracidade parcelada do folhetim de revista e jornal. Enquanto a vingança, como tema, permite e mesmo pressupõe um amplo sistema de incidentes, a ficção seriada, como gênero, exige a multiplicação de incidentes. Daí a frustosa aliança referida, que atendia às necessidades de composição criadas pelas expectativas do autor, do editor e do leitor, todos os três interessados diretamente em que a história fosse a mais longa possível: o primeiro, pela remuneração; o segundo, pela venda; ...[10].

---

10. Para pensar a questão da vingança em *Infância dos Mortos*, foi muito valiosa a leitura do ensaio de Antonio Candido, "Da vingança (Monte Cristo)". In: *Tese e Antítese*. São Paulo, Nacional, 1978.

A personagem de Louzeiro não encontra um tesouro, como o Conde, na ilha de Monte Cristo, o que lhe facilitaria o retorno como o *outro* que internamente sente que já é. Sua passagem pela prisão de São Paulo não lhe proporciona gratificações; nem encontra um padre sábio, na prisão, como Edmundo, de Dumas, para educá-lo e prepará-lo para a volta.

Pode-se perceber, então, que a história dessas personagens/jovens também não é bem o que se costuma ver em livros juvenis. Nem nos considerados clássicos de aventura.

O futuro como promessa que não se cumpre

Os dois primeiros capítulos de *Infância dos mortos* — a apresentação de Pichote preparando-se com seus amigos para uma viagem, seguida de sua morte em um cemitério, mais o relato da viagem de seus companheiros, frustrada pela traição de supostos amigos (móvel do início de um processo de vingança que torna os garotos, assassinos) — introduzem elementos fundamentais para a narrativa que segue cronologicamente as ações de Dito e dos meninos de rua liderados por ele, após esses acontecimentos.

À semelhança dos dois capítulos iniciais, a seqüência é tramada pela exposição dos movimentos ofensivos e defensivos da personagem protagonista em busca da resolução dos desafios que põem em risco a continuidade de sua vida e a de amigos. Esses movimentos, intercalados por momentos de divagação (como o que se viu no final do capítulo 2: o retorno a São Paulo, no trem), ajudam-na a ir se entendendo e ao mundo que a rodeia. Esquematicamente, temos:

— *movimentos ofensivos:*

— a organização das gangues (primeiro no Rio de Janeiro e, depois, em São Paulo): a busca de moradia segura; as tentativas de trabalho honesto (as feiras); as tentativas de trabalhos mais lucrativos-pequenos assaltos; e os grandes assaltos (os supermercados)

— a vingança: perseguição dos que o traem e torturam

— *movimentos defensivos:*

— os embates com a polícia; a sobrevivência nas prisões e entidades para menores; a resistência às torturas

— as fugas

— os assaltos a supermercados: no Rio e em São Paulo[11]

— *momentos de pausa e divagação:*

— as andanças pelas ruas da cidade; as conversas e brincadeiras com os amigos; a tristeza pela perda desses companheiros

— o namoro com a jovem prostituta no Rio[12]

— a solidariedade de presos e prostitutas

Tomando como base a análise feita dos capítulos iniciais e o esquema geral do romance, veremos mais de perto o perfil das personagens, o que nos possibilitará o estabelecimento de relações entre a *aventura* (ou desventura?) das personagens em *Infância dos mortos* e a dos protagonistas de *A gang do beijo*, catalogado como juvenil.

O universo das personagens que compõem *Infância dos mortos* pode ser assim esquematizado:

— personagem/jovem protagonista

— personagens/jovens representativas dos coadjuvantes na criação do universo das crianças sem lar (os companheiros do protagonista)

— personagens solidárias na desgraça-prostitutas e prisioneiros

— personagens pano de fundo (a população da cidade) adultos e crianças

— personagens antagonistas

A seguir, um apanhado geral dessas categorias:

---

11. Na nova edição revista, o segundo assalto ao supermercado é modificado. Aparecem novos episódios e personagens. Os meninos assaltam uma loja de jóias.

12. Na nova edição revista, foram introduzidas novas seqüências em que aparece uma nova personagem feminina, com quem Dito inicia um outro relacionamento amoroso.

O protagonista e seus companheiros: as gangues e o pano de fundo em que se desenvolve a ação

As origens das gangues

Os caminhos que levam o protagonista de *Infância dos mortos* e seus companheiros para a vida nas ruas são muito semelhantes.

Dito diz ter nascido em Bauru. Ainda muito pequeno, vai para a capital. Os pais o entregam aos cuidados de uma tia. Lembra-se vagamente dela. Um dia, ela desaparece e aí começou a andar pelas ruas. Não se recorda das dificuldades que enfrenta nos primeiros meses. Não se lembra, também, de nenhum parente. Acha que estão em São Paulo e, porque faz muito tempo que não vê ninguém, aceita que eles também não devam conhecê-lo mais. Na fala do narrador, mostra-se "*um tanto acanhado*" ao confessar isso (p. 50).

Não se percebe esse acanhamento no desenho das outras personagens/jovens que no decorrer da narrativa aparecem ligadas a Dito, quando acontecem os fatos que se desenrolam com a viagem a São Paulo. Além de Fumaça e Manguito, fazem parte da turma: Castigo de Mãe, Encravado, Alfinete, Rapadura, Figurinha. Nos apelidos, uma previsão do futuro que os espera: pequeno, duro, sofrido, sujo. Menos no de *Dito*, que conota apenas um indivíduo comum no universo de brasileiros de classes sociais mais baixas. Difícil, hoje, um Dito nas rodas ditas mais altas da sociedade.

Fumaça parece aceitar com naturalidade a sua origem familiar. Quando Dito lhe pergunta por que não aproveita para "*dar um pulo em casa*" (p. 50), deixa transparecer uma espécie de espanto ao perceber que o amigo possa supor que estaria na rua e, com ele, se tivesse outra forma de viver: "*— Sai dessa. Não tenho parente*" (p. 50).

A personagem vê que seus companheiros assemelham-se: ninguém sabe ao certo onde moram os parentes mais próximos. E, como eles, Dito não se apresenta como um revoltado. Não são questionadas, *explicitamente*, pela personagem, as causas que a levaram ao abandono; nem pelo narrador. Mostra, sim, insatisfação e parece reconhecer como fato consumado a situação de ser um sem-família; um sem-teto, como diríamos hoje. Sabe ainda que, nesse espaço que ocupa — ruas e praças —, usufrui de uma liberdade relativa: sobreviver é arriscado. As normas da organização das cidades foram feitas para os que *moram*.

Não é, então, à toa que, em seus primeiros movimentos quando retorna ao Rio, busca um lar possível. Seria *"a primeira vez que teriam um lar de verdade... Aí sim poderiam dormir, como há anos não fazia"* (p. 58).

Como se tivesse lido *Robinson Crusoé*, pensa construir uma *fortaleza* (como o herói de Defoe), numa espécie de ilha urbana, que projeta para o seu grupo: *"As cavernas formadas pelas pedras da beira-mar."* Lá, *"se porventura terminassem surpreendidos pela polícia, teriam como escapar"* (p. 55). Apenas planeja, uma vez que seu tempo não se estende como o de *Robinson*. Seu tempo é outro, assim como o tempo do romance de Defoe é um e o do romance de Louzeiro, outro.[13] Nem bem começa a escolher o local para cavar *"até formar passagem"*, e disfarçar *"com arbustos"* para poder *"dormir em segurança"* (p. 58), precisa desistir, pois um companheiro (Manguito) é preso, já acusado pelos acontecimentos de São Paulo. O tempo corrido entre a alegria que a personagem sente ao projetar o seu futuro e a constatação da impossibilidade de realização é muito curto.

Aqui, em vez de dezenas de anos, como em *Robinson*, contam-se minutos. Difícil também não lembrarmos as personagens menores de rua de Jorge Amado — os capitães da areia —: vivem mais tempo no trapiche da praia e a maioria dá o salto para a vida projetada. A personagem de Louzeiro sente-se perdida ao perceber a rapidez dos acontecimentos. A rapidez de decisões passa a ser sua característica maior. Pensamento e movimento se superpõem, como já observamos se superpõem o tempo da ação e da reflexão: *"teria de manter-se atento. Bastava um descuido e a cena que ocorrera com Manguito se repetiria..."* (p. 60).

---

13. Para uma melhor compreensão dos tempos de Defoe ver: WATT, Ian. *A ascensão do romance*. Trad. de Hildegard Feist. São Paulo, Companhia das Letras, 1990.

Ele e seus amigos até já conheciam macetes para não serem molestados por aqueles que não acham *justo* estarem eles por aí..., antes mesmo dos crimes que cometeram. Interessante como nomeiam os que guardam a *ordem* nas cidades: dona justa.

> ...então, dona justa tá com a corda toda!
> — E quando é que deixou de andar no rastro da gente?
> Alfinete não tem o que responder.
> — É um caminho sem volta. Arranja um papai rico pra cuidar de ti ou vai ficar sempre na mira deles. O negócio é saber como dar conta do recado, e na hora certa... (p. 67)

É essa espécie de *papai rico* (agora, objeto primeiro da vingança da personagem), conhecido por acaso em São Paulo, que aponta a Dito a possibilidade de uma vida diferente. Transcrevo o trecho em que conhece essa espécie de pai esperado que o seduz, fazendo-o ver um novo mundo:[14]

> Não conseguia entender qual era o propósito daquele cara, que conhecera uma tarde no Largo do Arouche, enquanto tomava chope e ele, Dito, vendia revistinhas pornográficas. O tipo mandou que sentasse, o garçom apareceu para reclamar, foi gentil, pediu que não incomodasse. Nunca recebera tanta atenção. A princípio imaginou que o cara fosse bicha... Depois verificou que era vivo e não tinha nada de maricas ... E naquela mesma tarde o tipo prometeu encontrá-lo, a fim de viajarem de automóvel. Cumpriu a palavra. Apanhou-o, puseram-se a rodar, o tipo falando de coisas agradáveis como nunca ouvira. O carro era um Galaxie novo, o estofado macio, o toca-fitas ... Nunca tivera companhia tão agradável. Não era nem alto nem baixo, tinha um jeito bonachão de falar, chamava todo mundo

---

14. Após o término do texto que deu origem a este livro, tive oportunidade de trabalhar no *projeto Lendo na praça*, da SME (SP), como interlocutora de mediadores de leitura em um ônibus colocado à disposição de menores de rua no Largo do Arouche. A praça é realmente um mundo. Encontros como este, descrito por Louzeiro, e o universo de relações que se estabelecem nas praças da cidade dão muito o que pensar. O relato desta experiência e as reflexões sobre ela podem ser lidos em DIETZSCH, Mary Júlia. "Ensaiando leituras com meninos que vivem nas ruas de São Paulo". In: FREITAG, Bárbara (org.). *A universidade em destaque: anuário de educação 97/98*. Rio de Janeiro, Tempo Brasileiro, 1998.

> de amigo... botou a mão no ombro de Dito, foi para o bar... Estava gostando de seguir aquele desconhecido, que lhe falava de muitas coisas, que lhe dava a visão de um futuro grandioso. Chegou a ter a sensação de que bastava um passo, um movimento, para sair da miséria, tornar-se figura importante como era Cristal... (p. 61)

Percebemos a docilidade e a carência de atenção em que se encontra, ainda menino, ao decidir fazer a sua primeira viagem: *"nunca tivera companhia tão agradável"*. É esse companheiro agradável que o leva a projetar um *"futuro grandioso"*. *São promessas de vida* iluminando o presente.

As conseqüências das frustrações advindas dessa primeira viagem e, principalmente, a desconfiança que começa a adquirir diante de qualquer ajuda fora dos que fazem parte dos seus, causam a transformação da criança dócil em líder de gangue, e marcam a diferença entre o protagonista e as outras personagens jovens que passa a liderar.

Percebe-se entre dois mundos: um, constituído pelos que vivem *fora da ordem*, mas se submetem: o dos miseráveis; o outro, formado pelos que se encontram, legal ou ilegalmente, *dentro da ordem*. É para este que quer mudar.

Os companheiros mais antigos: os miseráveis

Os miseráveis são os companheiros de Dito. Durante toda a narrativa, vemos, construídas com rápidas pinceladas, figuras representativas do mundo de origem da personagem, e do qual pretende sair:

> Chegou à praça onde havia o monumento... Sentou-se nos degraus..., leu a placa em bronze que falava no soerguimento moral e social da nação... estendeu-se de costas, ficou olhando o céu sem nuvens, raros urubus que cruzavam aquela infinita planície azul. O tipo completamente sujo aproximou-se. Tinha a calça rasgada e da camisa quase não restava nada... Queria um cigarro... Sentou-se perto, o cheiro que exalava era de quem não tomava banho há meses. Dito também lembrou-se de que há tempos não sabia o que era água limpa com sabão. Quando anoitecesse, iria molhar-se na fonte da praça Paris. (p. 118)

O rapaz descansa e pensa. O narrador pensa *com* ele. Novamente sugere coisas que o leitor pode *ler* mais do que a personagem. Sabe-se, embora não haja no livro nenhuma referência ao seu aprendizado escolar, que aprendeu a ler. Na fala do narrador, a personagem lê a *placa em bronze*. Mas é o narrador que resume o que essa placa diz. Ironia? Dito não compreenderia o significado da expressão: "*soerguimento moral e social da nação*". Entretanto, seus gestos e movimentos demonstram uma compreensão diferente daquela do mendigo da *praça Paris*, que se deixa estar por ali. Dito parece querer fugir para longe dela e dele — o mendigo. Não se posiciona como quem tem conhecimento da sociedade mais ampla em que vive. A reação é de repulsa. Dito parece querer limpar-se: quer afastar-se dos urubus, quer afastar a poeira que ainda o marca. Metaforicamente e literalmente: precisa lavar-se, distanciar-se concretamente do mendigo. A reação é emocional.

Pode-se vislumbrar uma espécie de escalonamento nesse mundo de miséria por intermédio de crianças e adultos que contextualizam a transformação da personagem. Há os miseráveis semelhantes ao homem da Praça Paris e há aqueles não tão miseráveis para quem Dito olha simpaticamente, apesar de já distante. Verificamos que percebe uma miserabilidade mais ampla. Vejamos um trecho em que esse escalonamento se mostra claro:

> A primeira manhã na feira foi animada. O sol estava quente, as barracas abarrotadas de legumes, tomates, laranjas,... homens de braços musculosos cortavam cabeças de peixes, a mulher enchia a cesta de vagens, o velhote com ar de aposentado escolhia minuciosamente o pé de alface, o camelô vendia limões num caco de prato, o paralítico arrastava-se no asfalto, berrando os números da loteria, ... o ar se impregnara do cheiro do peixe, das mangas maduras... (p. 52).

Feirantes e os que se aproveitam da feira para ganhar alguma coisa: o paralítico a vender a sorte na loteria; o camelô que vende num "*caco de prato*" (poder-se- ia dizer, cacos de vidas?). No mundo dos que compram, o "*velhote com ar de aposentado*", tentando *minuciosamente* economizar, e a "*mulher*": variações na escala também no universo dos não-tão-miseráveis.

Assim como madames e velhotes — tipos (e termos) bastante recorrentes —, muitas outras pessoas são objeto do olhar de Dito e compõem um quadro movimentado da cidade: os garçons; os motoristas e cobradores de ônibus, como o do ônibus de Pichote; os malandros *"vestidos de branco e cravos na lapela"*. Há os meninos pobres a quem Dito dá balas e dinheiro, *"as velhinhas e os garotos, catando migalhas"* (p. 117); *"os garotos fardados"* (p. 71) e *"as garotas com fardas azuis e brancas"* (p. 125) — *os escolares* —, que sempre cruzam os caminhos da turma e a quem olham sempre com alegria. Como Pichote que quer *puxar a saia da colegial*, Alfinete *"brinca com elas, dá cambalhotas no ar, faz a mais bonita sorrir"* (p. 125). Voltaremos a essa relação entre os meninos escolares e os de rua, quando analisarmos o livro *A gang do beijo*.

Os companheiros da primeira gangue

Antes da viagem, antes de Pichote, Dito estaria acomodado a essa animação geral. Mesmo aproveitando o momento alegre *"estende-se no banco de pedra, fica olhando as folhas amarelas que soltam das árvores"* (p. 53), sabe que aquela conformidade com a animação é temporária. Marcado pelos acontecimentos, não pode mais viver *conforme a maré*. Precisa de companheiros fiéis com quem possa projetar ações (precisa dirigir com segurança o seu navio). Se até então viviam de pequenos serviços e pequenos furtos, como muitos meninos-de-rua, já não eram como eles, mesmo que, para começar a nova vida planejada, tivessem que partir desse ponto. Conhecendo-se mais, sente necessidade de redefinir *os seus*.

Há os mais próximos, a quem precisa levar a ver o que começou a ver e aqueles cujos costumes quer modificar. Entretanto, ao descobrir que não pode mais *"transar com colegas só por transar"*, toma consciência de sua solidão. Não confia em nenhum deles, como precisaria confiar. Pior, descobre que não está realmente ligado a nenhum amigo: *"chorava por não gostar de ninguém ... talvez só Fumaça fosse a exceção"* (p. 85).

Dito olha a cidade, e se vê só, como a personagem de Dumas — Edmundo Dantés — no topo de sua ilha de Monte Cristo, olhando a imensidão do oceano:

> A cada passo que Edmundo dava no granito escandescido, afugentava lagartos... Em suma, a ilha estava habitada, viva e animada e todavia Edmundo reconhecia que estava só, à mercê de Deus. Sentia não sei que abalo muito parecido com medo... Tão forte foi esse sentimento que, quando ia começar o trabalho,... parou, ...subiu outra vez ao rochedo mais alto da ilha e daí lançou um vasto olhar para tudo que o cercava.[15]

Ambos têm planos de vingança: ambos heróis solitários. Mas Dito, como vimos, não tem em suas mãos tesouro para comprar o que precisa, como o herói de Dumas. Não pode compensar regiamente auxiliares fiéis. Conta apenas com sua capacidade de liderança. Reconhece que precisa formar uma *gangue* de verdadeiros companheiros de luta uma vez consciente de que, se não interferissem na situação, teriam *"todos o mesmo futuro. Cada dia um. Como Zebrado, Pichote"* (p. 85). Difícil reunir *"os próprios companheiros que não entrosavam"* (p. 85).

O recurso ao indireto livre permite ao leitor acompanhar os pensamentos de Dito nesses momentos de crise em que a personagem parece perder a esperança em tudo e em todos e desconfiar de qualquer possibilidade de mudança: *"por que desejaria que o seguissem? Seguir para onde? Exatamente isso. Para onde?"* (p. 85). Como *José*, de Drummond, as portas lhe parecem fechadas. Chega a vislumbrar a morte — o suicídio — como saída. Não quer ser (embora o leitor tenha todos os indícios de que será) como Pichote, executado pelos outros: *"não está revoltado, nem amedrontado..., na primeira ocasião que tivesse, procuraria matar-se"* (p. 157).

São momentos só seus. Compartilhá-los pode destruir a resistência que lhe resta para a *vida* que tem de manter, *pelo menos*, até vingar os seus que já morreram. Ao resistir, descobre um sentido novo para continuar vivendo. Perde a ingenuidade: amadurece. E os leitores podem acompanhar o crescimento do sentido heróico da trajetória da personagem. Fugas de prisões, sim; mas não fuga dos perigos que deve enfrentar na defesa de sua honra:

---

15. DUMAS, Alexandre. *O conde de Monte Cristo*. Vol. 1, São Paulo, LEP, 1946, p. 251.

> Não adiantava mais pretender evadir-se dos acontecimentos. Seu trabalho era aquele, seu ofício tinha as cores do sangue. Nada de carretos em feiras livres, de flanelas nos pára-brisas dos bacanas, de venda de jornais e bilhetes de loteria. Ligara-se ao sangue desde cedo e dele não poderia mais fugir. (p. 108)

Para vingar os mortos, precisa contar com os ainda vivos:

Castigo de Mãe, muito seguro de si mesmo, e da visão que tem da dureza da sua vida, não aceita com facilidade planos de mudança. Confia menos nos outros do que o próprio Dito: *"— Olho para frente e para trás. Como caranguejo. Não há maré que me afogue"* (p. 53). Indiretamente, contesta a crença nas possibilidades ofensivas do grupo. Já é muito conseguir sobreviver.

Alfinete *"um cara misterioso... amigo das mulheres e de uns tipos soturnos"* (p. 85). Por ser amigo das mulheres, e prático acima de tudo, vê possibilidades de lucro fácil em atividades mais interessantes do que os trabalhos da feira. Não tem medo de levar avante o projeto de Zebrado para sair rápido da miséria. O negócio era muito perigoso: *"Suadouro. Arranjou duas garotas e tava pegando uma nota firme. Aí, quis dar uma de machão, se ferrou"* (p. 67).

Encravado, colega um pouco mais distante, *"aceitando as orientações mais para agradá-lo"*. Assim mesmo, Dito precisa dele. É prático e rápido nas decisões; não perde tempo tentando entender o porquê das coisas e não teme usar o revólver. Acaba aceitando participar com ele no negócio do suadouro.

Rapadura, que Dito aprende a conhecer ao mesmo tempo em que o perde. Para os colegas, é preso *"porque sempre teve coração mole"* (p. 134), apesar da dureza de seu nome. Vivia com um amigo *"os poucos meses em que podia dizer seu endereço a alguém"* (p. 133) e por isso é pré-julgado como *bicha*. Esse amigo mata a menina (Vera) por quem o rapaz se apaixonara. Passa a ser procurado como cúmplice. *"Não lhe agrada continuar pela rua como outros faziam. Iria à delegacia dizer o que sabia"* (p. 133). Percebe que terminariam por saber detalhes de sua vida. *"Acabaria falando nos companheiros, nas atividades que desenvolviam"* (p. 133). Não vai, mas é preso. No dia seguinte, seus companheiros tomam conhecimento de sua morte, pelo jornal. A notícia diz que se atirara debaixo de uma carreta.

Figurinha, às vezes sumido, mas sempre pronto quando aparece um negócio que possa dar lucro. Amigo de Pichote e já traz marcas negativas de estadias na prisão. Anima Dito em seu desejo de vingança: "*Quando se acabar o serviço no supermercado vou pegar esse Galego*" (p. 150).

Manguito, companheiro fiel na viagem a São Paulo. Dito coloca como ponto de honra "*dar baixa*" nas pessoas que o prenderam e torturaram. Tem apenas 14 anos: "*passou uns dias no xadrez, botaram ele no SAM... fugiu... matou um rapaz... levaram ele pra colônia agrícola...*" (p. 115).

E Fumaça, o amigo que Dito perde, assim que toma consciência do que representa para ele, depois da prisão de Manguito. Fumaça precisa de alguém que cuide dele: é apenas uma criança:

> O pai caiu de uma obra quando tinha dois anos. Mamãe ficou sozinha. Lavava roupa e fazia doce para vender no Maracanã. O pessoal comprava e não pagava. Um dia levaram ela numa ambulância e não voltou mais.
>
> — O que houve?
>
> — Sei lá, cara. Não apareceu mais. Os vizinhos tomaram conta de mim, até saber das coisas e debandar. (p. 50)

"*Negrinho bem falante e cheio de gingas*", a personagem mais infantil do grupo, embora se considere *macho* e se ache *por dentro das transas* — como foi visto quando analisamos a sua desenvoltura com o linguajar masculino —, tem muito de Pichote, e dos pixotes que conhecemos pelos jornais. É por seu intermédio que Dito conhece Mãe Dolores — "*uma mulher do Mangue*" — que podia sempre lhe "*quebrar o galho*", pois "*transa com os tiras*". Fumaça fazia ponto "*lá por perto*". Segundo ele, essa mulher passou a gostar dele porque "*cansou de* lhe *dar comida*": achava-o "*parecido com um filho que sumiu*" (p. 66). Ela mora com *as meninas* em uma zona de prostituição. São essas meninas que velam o corpo do menino quando localizado morto depois da inútil procura de Dito, que não tivera mais notícias do garoto após sua prisão.

A contrapartida feminina da gangue: as prostitutas

Também simpaticamente, as personagens/prostitutas são mostradas ao leitor. Prostitutas e menores de rua parecem sempre se apoiarem mutuamente. Em *Capitães da areia*, propiciam um quadro pitoresco. *Gato*, uma das personagens/meninos de Jorge Amado, sai-se muito bem nos *negócios* com elas.

Em *Infância dos mortos*, não é pelo pitoresco que o narrador articula a simpatia do leitor, mas pela solidariedade na desgraça. Vale a pena observar um dos muitos trechos onde essa aproximação se evidencia:

> O sol está quente. Na rua larga e suja, grupos de homens. As mulheres estão só de calcinhas, sentadas nas janelas e nas escadas dos casarões se despencando. Na porta onde Fumaça se encostou, as mulheres falam alto, riem, contam piadas. Uma delas inquieta-se com a presença do garoto:
>
> — Que é que tá querendo, lambisgóia?
>
> O crioulinho não se assusta. A dona tem grandes seios caídos, convida Dito a aproximar-se...
>
> — Quero ver Mamãe Dolores...
>
> Passam pela morena dos seios de fora e coxas grossas, entram por um corredor, onde havia quartos separados por tabiques. Uma das mulheres está sendo trepada e geme, a porta quase aberta. O corredor termina numa espécie de terraço descoberto, ao lado do qual se estende a varanda... Ali, numa poltrona de vime de espaldar largo, está Mamãe Dolores. Faz conserto de umas roupas. Tira os óculos quando vê os pequenos. Reconhece Fumaça. (p. 69)

Como os meninos, metaforicamente, elas *despencam* nas escadas, que, concretamente, serviriam para subir. Não num sítio bonito e de sonho, mas no meio da decadência geral, numa poltrona de vime, a figura da *Mãe* tirando os óculos aproxima-se mais da de uma avó recebendo os netos: uma *Dona Benta* de Monteiro Lobato? O espaço em que está é um lugar — um sítio de refúgio — onde se poderia sair do real, tão próximo. Mas as histórias que Dolores — como o próprio nome diz — tem para contar são muito diferentes das da alegre avó, personagem de

Lobato, assim como seu otimismo em relação às crianças. Esse nome — *Dolores* — carrega muitas histórias.

De alguma forma, Dito é também *adotado* por *"Mamãe Dolores"*. Por que a chamam de mamãe?: *"É como disse que era. Parece ser dona de uma das casas. ...Tá acabada. Toma conta das mais novas"* (p. 166). É para a casa dela que vai quando foge, quase morto, da prisão. Por meio das cenas com essa personagem adulta, o narrador continua a nos apresentar outras espécies de miseráveis, e a solidariedade que os faz compor um elo frágil de uma corrente, constantemente recomeçada, uma vez que se renovam sempre seus componentes. Desaparecem, mal se juntam. Mãe Dolores sabe que Fumaça e Dito são como muitos que conhece, e como ela própria: *"— Se a gente não esquecesse, filho, todos nós já teríamos ficado loucos"* (p. 116). Assim também o leitor pode ver na velha senhora muitas das mulheres que aparecem em relatos de meninos de rua.

A pintura de Mãe Dolores e suas meninas assemelha-se muito à da prostituta Elizena, *"dona de uma das casinhas ...baixas e de construção frágil...que se alinham de um lado, em frente a uma barreira coberta de matagal...na rua da Usina"* em Mairiporã, para onde foram confinadas as prostitutas da cidade, a partir do regulamento: *"Mulher que é vista fora da rua da Usina vai para o xadrez"* (p. 192). São essas mulheres confinadas que, atendendo ao pedido do delegado, costuram roupas para os *"trombadinhas"*, que apareceram nus num posto da estrada, *"numa madrugada fria e chuvosa"*. Segundo depoimento do autor, a personagem tenta reproduzir a mulher que acudiu, na realidade, os garotos no episódio inspirador do romance. Voltaremos, mais à frente, na análise das personagens/antagonistas, a comentar a inter-relação realidade/ficção na pintura de personagens, como Elizena.

Se Mãe Dolores e Elizena fazem as vezes de mãe, Suely, Carla e Beth são as prostitutas que ainda não *despencaram*, como não despencaram Dito e seus amigos. Acabam por representar a contrapartida feminina dos meninos: inteligentes, bonitas e, sobretudo, espertas. Interessa-nos muito de perto o acordo de negócios que fazem, meninos e meninas-personagens/jovens de *Infância dos mortos* para relacioná-lo, posteriormente, ao que fazem as personagens/jovens de *A gang do beijo*. Aqui, as meninas atraem os fregueses para a casa onde moram. Os garotos ficam à espreita. É fácil, então, pegar os "*velhotes*" desprevenidos e assaltá-los.

Vejamos o trecho em que Dito conhece suas parceiras:

> Dito...bate na porta, a mulher ainda jovem bota a cabeça... Manda que Dito se sente. Tem olhos tristes, rosto magro, cabelos longos. Está terminando de vestir-se...
>
> — E seu nome, como é? — indaga Dito.
>
> — Sou Beth.
>
> Põe o pé sobre uma cadeira de estofado todo rasgado, suspende o vestido, prende a meia. Dito olha a perna bem feita, as mãos cuidadas...Alfinete parece ter muita intimidade com ela... Batem na porta...aparecem Sueli e Carla...
>
> — Aqui são dois quartos... Se pode trazer dois caras de uma vez. A que sobrar tem de esperar.
>
> — E por onde se começa? quer saber Carla que parou de ser bolinada por Alfinete.
>
> — Agora mesmo — diz Dito, metendo a mão no bolso e tirando uma nota de cem. (p. 75)

Tudo é *agora mesmo*. Corre veloz também o relacionamento amoroso de Dito e Beth. Concentra-se no pouco tempo de que os jovens dispõem para si mesmos. O afeto nasce e aprofunda-se nesse pouco. As suas origens são semelhantes: "*Dito falando desde o primeiro dia que chegou ao Rio, ela explicando que nessa época ainda morava em Cruzeiro...*" (p. 141).

Beth torna-se a *possível* namorada para quem o rapaz gosta de se enfeitar como um adolescente comum ao viver seu primeiro amor. Precocemente torna-se a parceira de cama "*inteiramente nua e ao alcance de suas mãos e dos seus desejos*" (p. 141). Igualam-se não só pelo passado, mas também pelo gosto de um futuro, que o toque amoroso de seus corpos jovens os leva a desejar. Apesar de pressupor como impossível a duração desse afeto, a parceira passa a ser o objeto de sonhos de estabilidade de Dito, ou, se quisermos, o seu projeto de futuro: "*Imagina a cidadezinha para onde levaria Beth... Poderia abrir uma oficina de consertar bicicletas, não teria mais com o que se preocupar.*

Viveria como Alemão. Com o pouco dinheiro que recebia, sem se meter em complicações". (p. 151)

Sonho e projeto de futuro muito semelhantes aos de muitos jovens: apenas uma casa num lugar qualquer, e uma vida sossegada cumprindo as obrigações sem incomodar os outros e sem seus incômodos. Os sonhos de Dito não são ambiciosos e nem são sonhos, enquanto duram, de um líder social. Poderíamos dizer que são sonhos pequeno-burgueses. Sente ciúmes dos fregueses de Beth. São homens em cujo esboço vislumbra-se pequenês, ao mesmo tempo sórdida e triste.

O narrador encaminha o leitor para uma determinada percepção desse tipo de personagem/pano de fundo — o freguês —, ao mostrar o que vai na cabeça de um desses *velhotes*, em um dos poucos episódios em que se distancia — e distancia o leitor — da sua personagem protagonista:

> O velhote que passou por Sueli fixou-se nas suas pernas, no seu rosto moreno, nos cabelos presos para trás, num elegante rabo-de-cavalo.
>
> — Pra onde tá indo a princesa?
>
> — Pra onde o papai quer ir?
>
> ...O velhote... Não contava com aquela resposta desafiadora...
>
> — E pra onde se pode ir?...
>
> O cara estava com os cabelos ficando brancos, usava óculos... fazia uns trejeitos nervosos... Sueli sabia o quanto estava acanhado... O cara pôs-se a rir. Ao invés de estar a caminho de casa... Mentalmente calculava o quanto tinha na carteira... Em vinte e tantos anos de casado, nunca se atrasara... e se algum conhecido o visse... (p. 78)

É nítida a simpatia desse narrador pela personagem da jovem prostituta de *"rosto moreno e elegante rabo-de-cavalo"*, agindo com inteligência na condução do *velhote* angustiado que se dá conta da monotonia e mesmice de sua vida. O caso com Sueli talvez seja a sua oportunidade de viver uma *aventura*: apenas uma peripécia, que em nada modificaria os rumos de sua vida. Há toda uma inversão. Somos levados a ver, não na moça, mas no freguês, *o pobre*: *"nunca se atrasara"*. Pertence aos dentro da ordem. Para ele, o caso com Sueli talvez represente a oportunidade (assim como a de outros como ele) de viver uma *aventura*. Todavia, a condução da narrativa nos leva a ver todo o vazio de sua experiência: uma aventura comprada e calculada.

Esses ciúmes dos fregueses levam Dito a dirigir mal o negócio com as meninas, pois é uma ocupação tão ruim para seus planos maiores, quanto os pequenos trabalhos na feira. Percebe que precisa ser mais ambicioso. A grande idéia que lhe ocorre é *"formar uma quadrilha, se encher de dinheiro e sair de circulação por uns tempos"* porque *"o que não dá é esse negócio de suadouro... qualquer hora dessa vai todo mundo pro grampo"* (p. 137).

Contudo, a grande idéia — formar uma quadrilha de assaltos a supermercados no Rio — fracassa no dia mesmo da primeira ação, assim como naufraga o futuro pequeno-burguês que seus parceiros também imaginam para si mesmos. Castigo de Mãe não poderia *"tirar umas férias"* (p. 147) com a *"porrada de dinheiro"* (p. 147) que ganharia e Encravado não *"mudaria para uma cidade bem longe"* (p. 147). A primeira batalha é tão dura quanto as novas perdas que a personagem tem de acrescentar às que já sofreu.

Para que se possa perceber o clima de *suspense* conseguido pelo autor, fragmento trechos da narrativa desse fracasso. O narrador parece conduzir o leitor a torcer pelos meninos — os bandidos —, no caso os *fora de ordem*, como se torce em filmes policiais. O ritmo é acelerado e a seqüência, mais uma vez, um suspense cinematográfico:

> A Kombi continua a avançar, contorna o portão... Dito salta, aciona o botão. Retorna à Kombi ..., Castigo de Mãe acelera ..., Dito e Encravado dão a última olhada nas armas, saltam, sobem rapidamente os degraus. Agora, estão no escritório ... Um tipo ainda jovem pergunta o que deseja..., saca o revólver...
>
> — Aqui não há dinheiro!
>
> Dito não esquenta...Ergue o gatilho...O homem apavora-se.
>
> — Abre as gavetas. Quero ver.
>
> O homem puxa a primeira gaveta, lá estavam os maços de notas... Aplica-lhe uma pancada na cabeça... Arrepende-se de

> não ter trazido uma sacola... Olha o cofre ao lado, mas acha que agora o tempo é pouco... Vem para a mesa onde Encravado mantém dois funcionários na mira de uma garrucha... Pensa em insistir no cofre, preocupa-se com o tempo...
>
> — Agora vamos pro banheiro. (p. 154)
>
> ... Castigo de Mãe torce a chave de ignição, o carro embucha. Tenta ... religação.
>
> O portão começa a abrir-se como o combinado com Alfinete e Figurinha. Agora estão todos nervosos... O motor responde. Há um momento de euforia.
>
> — Depressa que o portão tá fechando... ouvem-se os tiros da metralhadora. Castigo de Mãe ... bate no portão, salta pelo lugar do vidro, Dito vê quando recebe a rajada de frente. Os guardas haviam se colocado na rua lateral. Encravado tenta a fuga, é atingido na cabeça.
>
> Os guardas chegam perto, armas apontadas, Dito vê tantas coisas em poucos segundos: Pichote caindo... Mãe Dolores chorando, Beth idealizando a vida que jamais teriam. (p. 155)

Novamente o leitor pode acompanhar o tempo fugindo ao controle dessas personagens/jovens em ação — e, com ele, os sonhos e o futuro. Entretanto, Dito não desiste, embora considere distante, e quase impossível, o dia em que "*compraria o presente de Beth, procuraria Mãe Dolores, pediria que mandasse fazer sepultura para Pichote, outra para Fumaça*", pois, segundo ele, "*mereciam ter sua parte*" (p. 148). Ao contrário, seus motivos para juntar outros companheiros e seguir lutando intensificam-se. O que experimenta e vê na Colônia Agrícola em São Paulo para onde retorna, como prisioneiro, mais a vivência da outra *viagem* que faz, ou seja, a que propicia sua curta estadia em Camanducaia, superam os motivos anteriores que movimentaram suas ações, e o fortalecem, dando uma nova dimensão à sua vida e, podemos dizer, à sua morte.

Antes de verificarmos o que significou para a personagem a sua estadia na Colônia Agrícola e a *viagem* à Camanducaia, interessa completar o quadro formado pelos companheiros de gangues, ou seja, seus velhos amigos de São Paulo, que tenta reagrupar depois da fuga no retorno de seu *tour* pela cidade mineira.

> Tinha muito o que fazer. Iria procurar Zé Inácio, Tatu, Borrachudo. Formaria um grupo de impor respeito. Os próprios tiras não iriam gostar de enfrentá-los. E, se por acaso não quisessem entrar numa pesada, procuraria outros caras que tivessem dispostos a topar. O certo é que não continuaria como trombadinha, desses que o tira pega e sai arrastando na direção do juizado. (p. 110)

Os companheiros da segunda gangue: a quadrilha

Não diferem muito da sua turma do Rio os companheiros da personagem em São Paulo. Entretanto, a visão de Dito sobre eles é mais realista. Não espera deles a força que não têm, ou seja: não se ilude. Sabe que precisa agir com diplomacia para convencê-los: *"Agora, sabia exatamente o que queria"* (p. 110). Chapéu, Borrachudo, Tatu e Zé Inácio estão de alguma forma integrados a uma miséria um pouco menos miserável do que a dos seus companheiros menores de rua do Rio. Não moram nas ruas e alguns estão *empregados*.

Chapéu, *"no mesmo lugar de sempre"* (p. 208), trabalhando num estacionamento. Dito não sabe *"como um sujeito podia ficar anos e anos fazendo a mesma coisa, ou seja, olhando carro entrar e sair"* (p. 208). Amigo dos amigos, diz o que sabe dos colegas. É em seu estacionamento que prepara o seu segundo assalto, não se envolvendo em suas coisas. Até pensa em recompensá-lo com o que ganharia. Sabe, porém, que não quer ser como ele: *"quem não tenta fica na merda...vai se ficando sempre por baixo ... termina como Chapéu"*. (p. 212)

Tatu, o apelido também bastante conotado do amigo que Dito não consegue reencontrar: *"Andou metido numa parecida* (a aventura de Dito no Rio). *Sifu... Nem dinheiro, nem nada!"* (p. 212), assim como Borrachudo *"cabeça dura...terminou entrando numa gelada...; andou pra cima e pra baixo, pra se livrar da cana, mas acabaram botando a mão nele"*. (p. 212)

Dito conta apenas com Zé Inácio. Percebe o amigo arredio não tanto pelos resultados negativos das *aventuras desventuradas* dos amigos, mas principalmente porque o vê vivendo uma ilusão, como a que o fez viver Cristal quando o leva ao

Rio em sua primeira viagem. Dito não quer que assim seja: *"Esperava que o caso de Zé Inácio fosse diferente...ele merecia"* (p. 211). Mas agora é a personagem que percebe, em anúncio claro, o futuro da amizade de Inácio com um homem tão gentil quanto era Cristal. Com cuidado propõe ao amigo o *seu* negócio para não terminarem como Chapéu: *"o que desejava propor-lhe não era exatamente envolvendo seu ganha-pão. Tinha planos de partir para outro assalto"* (p. 211). É fácil convencê-lo. O que *"pode oferecer pra dona?"* Na *"merda"* em que vive *"não dá nem pra falar"* (p. 212).

Os sonhos de José Inácio são também semelhantes aos dos *meninos do Rio*: conquistar *donas*, compensar os poucos afetos que têm na vida e o sossego de uma vida que poderíamos catalogar também como pequeno-burguesa:

> Um carro importado entra no estacionamento... Dito nota-lhe a satisfação de entrar naquele automóvel...
>
> — Com a parte que vai pegar, dá pra comprar dois carros desses. Amoita a erva uns anos, depois solta...
>
> — Que carro que nada! Se pegar a nota compro é um apartamento pra Tiazinha... a velhota que me criou. Quando debandei ela chorou à beça. Aí prometi que um dia ia lhe dar uma ajuda. (p. 216)

O narrador caracteriza rapidamente essas personagens. O perfil desses meninos parece tipificado, uma vez que seus traços não devem trazer novidades para o leitor. A narrativa se encaminha rapidamente para o final, após a configuração dos elementos que partem para a *"aventura no supermercado"* (p. 215). A narração do fracasso dos rapazes nessa *aventura* constitui as últimas páginas do livro. Densas, velozes em seu acabamento como os sonhos das personagens. Tudo dá errado. Voltaremos a esse episódio final um pouco mais à frente.

Outros companheiros: os prisioneiros

Juntam-se ao grupo de personagens diretamente ligadas ao protagonista mais outros dois grupos. Um deles, formado por homens que, como Chapéu, constituem o mundo dos que sobrevivem com um pé dentro da ordem e um pé fora. E o outro, formado por aqueles definidos pela lei como criminosos: os prisioneiros.

Diríamos que as personagens semelhantes a Chapéu são personagens coadjuvantes, completando um cenário em que a miséria aparece. São as que não se comprometem inteiramente com nenhum dos mundos vislumbrados por Dito: os inúmeros mecânicos, funileiros, donos de bares — as biroscas — que o ajudam nas providências: arrumam armas; são peritos em fabricar chaves *mixas*; compram ou trocam os produtos de seus roubos; fornecem informações. Discretos, garantem um ganha-pão nessa intersecção de mundos. Aí, entrecruzam-se, embaçados, criminosos de vários tipos e policiais com diferentes objetivos.

Não tão secundária é a função das personagens que compõem o universo dos alijados concretamente da sociedade: os prisioneiros. Nas prisões, Dito visita o inferno. Ao visitá-lo, vê concentrados o melhor e o pior do ser humano e o melhor e o pior de si mesmo. E o leitor, por meio dessas personagens — os prisioneiros de campos brasileiros —, poderá reportar-se a outras narrativas, entre as quais as dos sobreviventes de campos de concentração e verificar que o holocausto não terminou: ocorre *"aqui e agora"*.

O mundo que Dito vislumbra como final de linha, e que o leva a desejar mais que nunca sobreviver, leva-nos a perceber com mais clareza os contornos que fazem dele um herói, num mundo de misérias. A personagem modifica-se, evolui e arredonda-se: diferencia-se das demais.

Se as personagens-prostitutas são mostradas simpaticamente em todos os episódios em que se fazem presentes, os prisioneiros de início são apresentados negativamente. Aparecem como monstros que apavoram os meninos. Menores que são, Dito, Manguito e Fumaça não deveriam freqüentar celas comuns **(IX)**. Até os prisioneiros sabem disso: "— Que *gracinha... tão inocente e já na cadeia... Por que veio cair neste galinheiro*?" (p. 39).

Dito não se sente um deles:

ouve os risos e provocações dos prisioneiros..., uma espécie de profundo desânimo começa a dominá-lo e vagarosamente sente como se estivesse morrendo...Lembra-se de Pichote e inveja-o por ter morrido. Por que teria que enfrentar todos aqueles débeis mentais...? (p. 39).

Entretanto, se os vê "*débeis mentais*" e quer se afastar deles, a visão mais geral do narrador, já na primeira cena em que a personagem aparece com os habitantes das prisões, aponta para outros tipos de prisioneiros, ou seja, para aqueles que se rebaixam para não sucumbirem sob o mando dos que *podem* alguma coisa, num lugar em que não há mais razão por que lutar pelo poder, a não ser o poder de poder satisfazer instintos:

> O pequeno faz cara de horror, tenta recusar-se...
> Os outros cinco ou seis presos que não participam nem de uma iniciativa, nem da outra, limitam-se a rir. O rapaz alourado... é o único que não acha graça. Quando o jogaram naquele xadrez..., passou pelo mesmo sacrifício. Primeiro foi o de barriga de fora, depois o índio, o cego de um olho e o negrão... Com o tempo tornou-se de todos que o procuravam. Na primeira semana tentou reagir. Além de acabar submetido, ainda apanhava... Já não tinha mais esperança de reabilitar-se. Não sabia mais, sequer, por que fora parar ali... Diariamente, tentava encontrar um meio de matar-se, mas sempre alguém o impedia. Cada um que tinha vontade puxava-o pelos cabelos, ele se abaixava... (p. 40)

Os cinco ou seis presos que se "*limitam a rir* e o *rapaz alourado*" que não consegue morrer são representativos daqueles de quem a personagem protagonista não quererá fugir, depois de familiarizado com o ambiente físico e social desse novo mundo que conhece nas curtas estadias que a polícia lhe proporciona, depois de cada fracasso em seus planos de mudança de mundo. Em vez de fazê-lo desistir, essas pessoas, de alguma forma, o ajudam a se empenhar para continuar vivo. O rapaz alourado — um *corpo dócil*[16] — perde a capacidade de reação e a esperança de "*reabilitar-se*".

---

16. Referência ao capítulo I — "Os corpos dóceis". *Vigiar e punir*, de Michel Foucault: um estudo sobre a evolução histórica da legislação penal e respectivos métodos coercitivos adotados pelo poder público na repressão da delinqüência, desde

Nessa primeira apresentação, a visão desse tipo de personagem nos é dada, indiretamente, pelo narrador próximo a ela e distante de Dito. Se o protagonista quer fugir, o narrador o aproxima do leitor. Que espaço e que tempo delimitam a história de personagens como essa? Literalmente o rapaz alourado é um morto-vivo. Não se recordando mais das suas razões para viver, *abaixa-se* simplesmente e não consegue *suspender-se* para, pelo menos, dar forma à própria morte. Memória e esperança desintegram-se, e seu corpo amolece. Não existe mais *a sua história*.

Se Dito não mostra, pelo seu discurso — e pelo discurso do narrador por ele —, uma compreensão mais abrangente do fato — poderíamos dizer, uma consciência política de si mesmo como um ser diferente do animal —, é no seu relacionamento com outras personagens semelhantes ao rapaz alourado que parece chegar um pouco mais próximo dela. Também como morto-vivo, Dito chega às prisões. Sem sentidos despertos, machucado pelas torturas, é jogado mais duas vezes nas celas. Nesses momentos, custa a perceber a vida fluindo:

> Dito acordou ainda tonto... Tentou mover-se, percebeu que um dos braços estava preso à cama... era uma espécie de enfermaria...Tentava recompor o quadro... desde o momento em que o branco lhe dera uma joelhada no rosto. Havia um hiato. Naturalmente, quando desmaiou... Ouviu vozes, risos, animou-se... Os risos e as vozes continuavam distantes...não podia localizar-se... Quando menos esperava, apareceu o velhote... encarquilhado... o rosto chupado... Parecia não ouvir, embora olhasse... Faz um ar de riso..., é um riso imbecil... Imaginou que estivesse num hospício. (p. 96)

Mortos-vivos, loucos como o *velhote*... A personagem precisa descobrir onde está e por isso não lhe importam a sede, a dor e as algemas. Mais uma vez, aparece a questão da localização. Dito precisa localizar-se: "*Seria um setor do Departamento*

---

os séculos passados até as modernas instituições correcionais. Ironicamente o autor diz que o direito penal na atualidade, obedecendo aos princípios do respeito à pessoa e às liberdades humanas, revela a preocupação em considerar com senso mais humanitário os criminosos, a fim de integrá-los "*dóceis e úteis*" à sociedade.

Correcional de Menores ou simplesmente uma outra entidade que nem de longe desconfiava?" (p. 98).

Mas o velhote? Por que estaria numa entidade para menores?

Dito não é um velho: a dor física não o entreva, ainda. Fugindo, torna a achar-se: *"... as celas apareceram, um garoto chorava, outros gemiam. ...Em todas elas havia muitos garotos. A maioria ainda estava caída ao chão. Só uns dois resistiam, magros olhos fundos, como se não tivessem mais ânimo de levantar-se"* (p. 101). Não quer ficar como aqueles garotos, sem ânimo para levantar-se, sem forças para fugir: *"— Desde que botaram a gente aqui não nos deram comida. Cada semana vão tirando os que morrem primeiro"* (p. 101). E não é também uma criança, assim como estão deixando de ser as meninas do outro pavilhão da Colônia Agrícola que, como a *"crioulinha do pavilhão 3"* e *"a lourinha que tem a cara de boneca chorona,* são obrigadas a *'ficar'* com os guardas, tendo que aceitá-los *'na frente e atrás, sem reclamação'"* (p. 104).

Crianças, jovens e velhos entregam-se. As faixas etárias relativizam-se, importando apenas se são vivos ou mortos. Os vivos juntam-se à lista dos mortos que a personagem tem para vingar. A personagem não quer morrer, nem sobreviver com, e como eles. Há culpados vivos: é preciso matá-los em tempo. Mas o tempo palpável lhe foge, assim como o espaço às vezes não lhe é perceptível.

Em toda a narrativa, como já observamos, o leitor pode perceber o tempo das ações de Dito, marcado insistentemente. No inicío, não só dia-a-dia, mas períodos: *"terminado o almoço"* (p. 24); *"por volta das duas horas"* (p. 44); *"estava principiando a escurecer, quando"* (p. 40). Perceptivelmente, pode-se estabelecer que decorrem algumas semanas entre o início e o fim da história. Mas não podemos definir quantas, porque, assim como a personagem, também o leitor se perde em *um tempo sem tempo* nas páginas que cobrem o segundo aprisionamento do jovem: *"acorda numa manhã distante, de chuva intensa e lâmpadas acesas. Procura situar-se, vê homens e mulheres de roupas brancas a movimentar-se...chamam visitas que...não pode reconhecer"* (p. 156). Não se tem detalhes da sua viagem de retorno a São

Paulo. Dito é preso no Rio, entregue aos policiais e jogado, depois de torturado, numa prisão paulista. O narrador apresenta *flashes* dessa temporada:

> O carcereiro abre a porta, empurram-no para dentro. Está tão machucado que os prisioneiros sentem-se penalizados. A princípio, nenhum deles ousa dizer nada, ou fazer qualquer brincadeira, embora o garoto tenha caído de costas e esteja completamente nu. O homem mais velho, de cabelos já grisalhos, curva-se sobre Dito. Outros dois arrumam folhas de jornal num canto, puxam-no para cima dos papéis...Dito continua a sangrar...Alguns presos chamam o carcereiro...
>
> — É assim mesmo. Levou uns cascudos, tá com dengo.
>
> O crioulo musculoso enfia o braço pela grade, na tentativa de acertar o carcereiro. Este puxa o apito, chama o pessoal de choque. Três ou quatro soldados aparecem, as metralhadoras apontadas para dentro do xadrez. Os prisioneiros colam-se nas paredes, a calma volta a reinar. (p. 160)

Habitando aquela cela, Dito conhece o limbo. Literalmente, *habita o tempo*[17]. Ao retomar-se, vislumbra humanidade em seus companheiros e a frágil ligação que o une a eles e à vida, assim como a todos que vivem e se unem em situações-limite. Perdem-se ao se acharem. Não chegam a se armar como grupo, pois são aplacados pelas metralhadoras e seus corpos, *dóceis*, colam-se às paredes: a *ordem* volta a reinar. Unem-se apenas pela *pena* e pelas penas que os levam a ocupar ao mesmo tempo, o mesmo espaço.

Os antagonistas estão *fora das grades*. É nesse tempo (e nessas páginas) de limbo que nova graduação das personagens miseráveis pode ser feita:

Tio Zé, o de cabelos grisalhos, *"o que pôs-se a vesti-lo"*, diz que foi parar ali por *"uma dessas doideiras que dá... e não se explica. A vida cada vez mais difícil, as contas azucrinando o juízo, os filhos doentes...; daí para botar a mão no que não é nosso não cus-*

---

17. Ao refletir sobre o tempo sem tempo da personagem, lembro os versos de Cabral: *"Ele corre vazio, o tal tempo ao vivo; e como além de vazio, transparente, o instante a habitar passa invisível"*."Habitar o tempo". In: MELO NETO, João Cabral de. *Poesias completas*. Rio de Janeiro, José Olympio, 1979, p. 45.

ta..." (p. 161). Deu tudo errado. Não sabe o que foi feito do "*seu povo*", nem o que vai ser dele. Recorda-se "*do seu tempo de menino, das brincadeiras que fazia no interior ..., as corridas atrás dos bichos nas campinas*" (p. 161) e sonha com a possibilidade de ir para bem longe: "*— Arranjo uma casinha num pedaço de terra e por lá fico.*" (p. 161). Quando Dito fala de sua vida, e de seus projetos de vingança "*se tivesse condição, acabava com eles na base do azeite quente...pra que se lembrassem de tudo que fizeram*" (p. 162), o velho assusta-se: "*Não sabia como aquele pequeno, que vira tão calado, entre a vida e a morte, podia estar de tal forma carregado de ódio*" (p. 162). Recrimina esse ódio, apelando para a religião: "*Só se tem um caminho: apegar-se com Deus...pra ele não há culpado, nem inocente*" (p. 163).

Tintureiro (o que defende Dito avançando no carcereiro) apóia-o, também em seu ódio: "*— É isso aí, Tio, o garoto tá coberto de razões...bagunçaram o coreto dele e agora é um revoltado*" (p. 163). Não é tão esperançoso e ingênuo como Tio Zé. Ironiza-o quando comenta que viveria melhor no interior: "*— E tu acha que por lá eles são melhores?*" (p. 161). Como o protagonista, é duro na queda. Não se entrega com facilidade na "*brincadeira*" que o delegado propõe para os prisioneiros de duas celas: "*— Quem for empurrado daí de dentro pra fora, vai pra solitária. Quem agüentar o rojão, muda de xadrez e ganha almoço e jantar todo dia..., quem tentar fugir, a ordem é pegar com cachorro*" (p. 164). Emprega todas as suas forças para não ser dominado:

> A porta se abre..., Tio Zé é lançado de costas na galeria... Tintureiro soca furiosamente o cara forte, mas termina dominado. O careta aplica-lhe uma chave de cintura, e pouco a pouco ele sente perder as forças. Finalmente com um golpe de calcanhar, acerta o gigante nos ovos, ele se curva, recebe uma cutelada no pescoço. Todavia não está derrotado. Tenta agarrar-se, pega a lata que Tio Zé usava para esquentar a água, achata-a, tenta transformá-la numa arma,... salta com os calcanhares nos rins do gigante, ele berra, bate-lhe a cabeça no chão... O delegado... ordena que os policiais entrem e acabem com ele. Aparecem quatro tipos enormes, Tintureiro tenta defender-se, é dominado, as borrachas cantam na cabeça e nos ombros. Finalmente é jogado do lado. (p. 165)

Como um *David* enfrentando *Golias*, Tintureiro seria considerado vencedor, não fosse a interferência de outros gigantes, os policiais. Novamente, o narrador conduz a narrativa de forma que leva o leitor a torcer pelo fora da lei. Pelos interditos, como já foi comentado, sabe-se em que campo está a torcida deste narrador criado por Louzeiro. Diríamos que opta por *"um modo irônico"* de narrar[18].

Cenas semelhantes à que enfrenta o prisioneiro — extraídos os termos mais chulos — são corriqueiras nas narrativas que contam aventuras, desde muito tempo. Nas epopéias, em lutas sangrentas, os heróis vencem monstros dos mais diversos tipos; em contos de fadas, dragões e gigantes. Ainda distantes, mas já mais próximos aos seres que habitam o nosso planeta, e próximos dos leitores de hoje, os heróis dos chamados clássicos de aventuras — romances do século XIX — enfrentam inimigos não tão fantásticos. Mesmo assim, apresentam-se excepcionais em sua força e coragem. Lembremos o herói de Stevenson, na *ilha do tesouro*, enfrentando e matando o pirata que o atacou no navio; os *mosqueteiros* de Dumas, vibrando com as façanhas, como Tintureiro ao recordar a briga com o grandalhão: "— *Por incrível que pareça, ainda tou um pouco em forma!*" (p. 166). Seguindo a mesma trilha literária, podemos comparar a luta do jovem prisioneiro de Louzeiro com muitas das que vemos, hoje, em livros e filmes policiais de *suspense*. **(X)**

Importam-nos as observações dessa cena para poder contrapor os vencedores — os policiais — aos do livro *A gang do beijo*. Em *Infância dos mortos*, o narrador induz o leitor a torcer pelo fora da ordem: o *bandido*. Nos livros recomendados para

---

18. Aproveito o sentido dado por Northrop Frye ao termo ironia, em sua "Teoria dos modos": *"Ironia..., em literatura, é muito comumente uma técnica de dizer o mínimo e de significar o máximo possível, ou, de modo mais geral, uma configuração de palavras que se afasta da afirmação direta ou de seu próprio óbvio sentido...O ironista fabula, sem moralizar..."* (p. 46). Para o autor, as formas de ficção podem ser classificadas não moralmente, mas pela força de ação do herói, que pode ser maior do que a nossa, menor, ou mais ou menos a mesma. Se o herói mostra-se *"inferior em poder ou inteligência a nós mesmos, de modo que temos a sensação de olhar de cima uma cena de escravidão, malogro ou absurdez, o herói pertence ao modo irônico"* (p. 40). *Anatomia da crítica*. Trad. de Péricles E. Ramos. São Paulo, Cultrix, 1973.

jovens, essa posição parece comprometedora, uma vez que se pressupõe que esses livros sejam livros de formação.

De maneira diferente e de uma forma que coloca em questão o comportamento ético da personagem (tornando também questionáveis suas características de herói), Dito perde um outro possível companheiro. Essa personagem, que tem o nome de um anjo — *Gabriel* — (e o apelido que traduz a sua condição no agora da cela — *Fantasma*) consegue, com a ajuda do protagonista, dar forma à própria morte, diferenciando-se do *"rapaz alourado"*, que se entrega. Esse prisioneiro não tem forças para lutar, porque *"estava ficando tuberculoso...sentava-se a um canto, apoiava o queixo nos joelhos magros, tossia"* (p. 161). Mesmo doente, tira a sua camisa para cedê-la a Dito quando este é jogado na cela: *"— Não adianta... Já tou meio caminho andado"* (p. 161). Estava junto com Dito, no ônibus que partiu para a *viagem* onde muitos encontrariam a morte.

É um trecho importante este, que se constitui pela narrativa da viagem a Mairiporã e inspirado no relato da outra viagem, ou seja, a não-ficcional — feita pelo jovem que inspirou o romance. É um exemplo nítido da tentativa de Louzeiro de mostrar, por meio das possibilidades da linguagem ficcional, o dramático e o heróico da vida e da morte de crianças e jovens. Parece mesmo a sua justificativa para a re-criação dessas histórias em forma de romance.

> Formou-se uma espécie de fila, Dito ficou olhando aquela porção de garotos...uns eram de sua idade, outros bem pequenos... Os mais velhos deveriam ter a idade de Gabriel. Não fazia a menor idéia do lugar para onde estavam seguindo... Era um ônibus comum, mas os vidros das janelas estavam recobertos pelas cortinas. Alguns cães também entraram... Embora conhecesse bastante São Paulo, Dito não sabia por onde estavam... Ouvia de vez em quando apenas os seus tossidos. No banco da frente estavam três garotos que não deveriam ter mais de 6, 8 e 12 anos. Pareciam quietos e bastante assustados com a viagem àquela hora...
>
> — Pra onde estão nos levando?
>
> — Vão acabar com a gente. (p. 168)

O motivo *viagem* é, aí, ironicamente explorado. No primeiro capítulo, Pichote vê, pelas janelas de um ônibus urbano, a cidade estetizada; no segundo, Dito, da janela do trem no retorno ao Rio, um mundo menos maquilado. Neste último trecho, o rapaz e outros menores não podem ver nada: *"os vidros das janelas estavam recobertos pelas cortinas"*. Apenas alguns sons, entre eles a tosse de Gabriel, e o choro silencioso dos menores.

No final do *tour*, como já foi anunciado:

> garotos rolaram pela porta, os policiais... continuaram a baterlhes, deram pontapés, os que tentaram dar a volta no carro tinham os braços torcidos, eram esbofeteados e empurrados da beira da estrada (p. 171).

Dito sente

> o espaço faltar-lhe aos pés... os primeiros matos que passaram pelo seu corpo, numa velocidade de vertigem...pareciam-lhe frios, à proporção em que se distanciava, perdia-se como se mais uma vez estivesse caindo num mergulho e procurasse as profundezas do rio, impossível de alcançar...não viu mais os companheiros de viagem... (p. 171).

Novamente Dito perde os sentidos e, novamente, ao acordar, sente necessidade de se *localizar*:

> Ao sentir a frieza nos pés, imaginou estar deitado no banco da praça, aquele que sempre ficava na Glória. Lembrou-se do trabalho na feira... apalpou-se, a cabeça parecia imensa, ...tentou manter os olhos abertos, sentiu o cheiro da terra molhada, pôde mexer um dos braços, mover um pouco o tronco. Aí, vagarosamente, as dores como o despertavam... Recordou-se dos cães ... mordendo uns e outros, atingindo Gabriel no rosto, o pequeno jogado por cima dos bancos, os gritos por causa da fratura na espinha, o policial chutando-o para que levantasse, deixasse de fita... Só então teve consciência de que tinham sido jogados num despenhadeiro. Naturalmente ficara preso em algum arbusto, não rolara até o final da encosta. (p. 172)

Ainda tenta manter os olhos abertos, a memória tentando reintegrar os fiapos de sua história, que chega a nós mediada pelo discurso do narrador que pensa *com* Dito: "— *Onde estaria Gabriel, com o rosto mordido pelo cão?*" (p. 172). Levanta-se disposto a *levantar* seus companheiros: "*vou tirar todo mundo daqui*" (p. 172). Novamente para os que sobrevivem, a única saída é a fuga: "*alguns já estavam tentando erguer-se.*" (p. 172) A situação dos companheiros é pior do que a personagem esperava:

> o que tinha os braços destroncados na altura dos ombros não se agüentava de dor, outro com a perna quebrada apenas gemia...o lourinho fora mordido e sangrava, o crioulo estava com os braços quebrados, o mais forte tinha um rombo na cabeça (p. 172).

Percebe, então, que nem todos os sobreviventes têm forças para fugir e Gabriel é um deles: "*estava estirado, o corte no peito, um dos olhos fechados, já muito inchado*" (p. 172). As lágrimas "*escorrem-lhe pelo rosto dolorosamente cansado*" (p. 173), quando Dito promete fazer o que o amigo lhe pede: "— *Ajuda a procurar o canivete, não vou poder subir a ribanceira ... fico por aqui mesmo, se não achar, consegue um caco de vidro*" (p. 173).

Dito respeita sua decisão e o ajuda:[19]

> Gabriel entrega o braço a Dito. O caco de vidro é pouco maior que uma unha. Foi o único que encontrou. Gabriel prepara-se para a dor. Sempre tivera medo até de tomar injeção...Todavia tinha que ser feito. Não poderia ficar sozinho ali, quando os que podiam mover-se tivessem partido. E não queria pensar em Dito abrindo-lhe as veias. Talvez o primeiro corte não fosse suficiente mas sabia que o pequeno tinha cabelo na venta para tentar outro. A ele restaria agüentar. Torce o rosto de dor, geme, acalma-se, Dito solta-lhe o braço, fica uns segundos olhando. O sangue escorre, pinga nos capins. Gabriel torna a sorrir, os olhos estão amortecidos. Dito sabia que tinha razão. (p. 173)

O narrador acompanha de perto essa *morte decidida*, trazendo, nesse episódio, não os pensamentos da personagem protagonista "*que tem sangue nas ventas*", mas os de Gabriel.

---

19. Na nova edição revista, a personagem a quem Dito ajuda a morrer não é o "amigo" Gabriel. É um menino que não conhecia anteriormente.

De alguma forma, esse narrador completa a história dessa personagem/ prisioneiro.

Dito, sendo um instrumento dessa decisão, afasta-se ainda mais dos contornos das personagens que são vistas como protagonistas/jovens em livros indicados como leitura adequada para jovens, ou catalogados como juvenis, uma vez que, entre as razões para indicação de livros de aventura para esses leitores em formação, se coloca a constatação de que, nesses livros, o conceito de *Bem* — valor fundamental para a formação e educação dos jovens — aparece geralmente identificado com a lei e com os bons costumes.

A conformação de *herói* do protagonista de *Infância dos mortos* parece situar-se, então, fora do modelo habitual.

Os antagonistas

Começamos anteriormente a delinear o perfil dos antagonistas de Dito, uma vez que seus movimentos representam barreiras para a mudança de vida projetada pelo protagonista. Retirando-se Cristal, cuja figura vai sendo completada pouco a pouco pelos indícios dados ao leitor desde o primeiro capítulo, e Débora, figura já nos dada pronta, a da traidora, podemos esquematizar as demais personagens antagonistas em dois grupos: o formado pelos tiras e funcionários (chefes e subalternos); outro, uma espécie de pano de fundo que os apóia: o dos habitantes da cidade em geral (negociantes, madames, velhotes).

Tomo primeiramente esses dois grupos, deixando para o final Cristal, por ser a personagem antagonista que interage mais diretamente com Dito.

Os tipos: funcionários e tiras

Na apresentação dos funcionários do cemitério, vimos que essas personagens não são apenas *mostradas*. Suas ações já aparecem qualificadas, resultando daí uma espécie de estereotipia. Observou-se, também, que o narrador deixa pouco espaço para o leitor construí-las.

Galego é o *"homem branco e bastante careca"* (p. 21) que, ao se justificar pelo fato de ter atirado em Pichote, vai deixando claro o porquê de sua morte: *"— ... se fez o que devia ter feito há muito tempo"*. Seu colega, *"que atende pelo apelido de Negão e tem braços musculosos"*, (p. 21) é muito prático. Aos leitores são dadas informações ligeiras (características físicas e alguma coisa sobre a visão que têm dos *pivetes*) sobre personagens que o protagonista não conhecerá até o final, embora estejam sempre presentes em suas tentativas de reação e em seus momentos de perplexidade.

Podemos dizer que são personagens *planas, bidimensionais* **(XI)**. De início, são reconhecidas como antagonistas. Numa primeira leitura, podemos julgar a caracterização das personagens antagônicas como não condizente com o cuidado demonstrado na construção das personagens-meninos. Poderíamos também dizer que o autor, na pintura das personagens/inimigas, força a mão; e for supor que Louzeiro estivesse exagerando a malignidade dos inimigos de Dito, porque, segundo convenções sociais, estariam no campo do *bem*, enquanto o menino-bandido, mas protagonista, no do *mal*. Haveria necessidade de chamar a atenção para a inversão.

É de forma muito semelhante que são apresentados os *tiras*, como dizem os meninos. Só temos acesso a essas personagens quando interagem com os garotos, ou, como no caso de *Dr. Alencar, Negão* e *Galego*, quando se referem a eles:

> Aí,... apareceu um homenzarrão gordo e barbudo, de terno e gravata preta. O tipo entrou e foi tratando de fechar a porta... O barbudo segurou Dito pelo braço, sentou-se numa das poltronas, puxou-o... (p. 33). Magricela e o moreno seguraram os três pelo cós das calças... (p. 35)

Dito reconhece tipos físicos — *"homenzarrão, gordo, barbudo, moreno, baixo, magricela"* — e parece deduzir categorias sociais e profissionais por detalhes externos assim como o *"terno e gravata preta"* e o *"relógio de pulso dourado"* (p. 35). Mas é o próprio narrador que se refere a eles como tipos: *"o tipo entrou"*. Às vezes, identificamos esses tipos por um linguajar carregado de gírias que conhecemos como de policiais (principalmente em filmes).

Há, porém, uma diferença fundamental entre a apresentação dos funcionários do cemitério e a apresentação da quase totalidade dos tiras que se relacionam com Dito. O olhar do narrador — como se viu em outros trechos — aparece como o olhar da personagem e seu linguajar assemelha-se ao de Dito. E Dito só percebe poucas coisas: detalhes externos, falas e a atitude brutal que têm com ele. Portanto, antecipa, assim que os vê, serem inimigos. Não tem tempo de aprofundar conhecimentos (ou sua visão) sobre eles; não os vê em outra situação, assim como o leitor não os vê em outro contexto. A imagem que tem deles como pessoas não se *arredonda*, assim como as personagens que se apresentam para os leitores continuam bidimensionais. Dito analisa-os como *tipos* e é ele que vai deduzindo as semelhanças, ou melhor, a sua invariabilidade:

> ... a polícia de São Paulo continuaria à sua procura? O homenzarrão ainda estaria furioso com o que fizera? Ora se estava. Eles não esquecem. Não se tem a menor chance. O pequeno e o grande erro são todos cobrados. Na mesma moeda. (p. 85)

As personagens apresentadas bidimensionalmente para o leitor correspondem, assim, a pessoas bidimensionais para Dito. Podem ser reduzidas a um *eles* quase impessoal.

Entretanto, paradoxalmente, são essas características comuns, reiteradamente percebidas — *"de onde surgiriam aqueles tipos?"* (p. 96) —, que ajudam Dito a pessoalizá-los num só antagonista permanente e mágico, para quem canaliza o ódio que vê crescer na proporção em que perde sua ingenuidade infantil — *"gostaria de morrer para aprender a não ser burro"* (p. 34) — e se transforma em outro, como vimos. Esses tipos somem aqui, aparecem lá; mudam-se apenas nomes.

Assim, conhecemos *"dois homens"* que *"o agarram"* e *"um terceiro que faz o mesmo com Fumaça"*, quando são presos no Rio de Janeiro. Também para esses *tipos*, o menino aparece como um tipo. Para eles, Dito é um *"pivete"* e todo pivete é *"sem-vergonha"*. Não se averigua nada: antecipadamente é culpado e merece ser castigado.

Para que se possa ver como se processa para Dito essa espécie de unificação dos tipos antagônicos a ele, recorro a fragmentos de um dos mais fortes episódios de tortura — parte V do capítulo IV (p. 91 a 94). Nesse episódio, também o narrador processa sua mediação de uma forma que mostra o seu antagonismo aos antagonistas de Dito. Alguns adjetivos e advérbios usados reiteradamente na descrição física das personagens e na circunstancialização de seus atos confirmam essa espécie de pacto do narrador com a personagem-protagonista:

> O policial branco mandou que o motorista parasse... O tipo parrudo prendendo o braço de Dito... deu uma risada... Tornou a rir, debochadamente, cinicamente... Aplica-lhe uma joelhada no estômago..., o parrudo tirou o cinto, bate-lhe do lado da fivela...
>
> ... — Vamos já dobrar esse cachorro — diz o tipo parrudo... — Güenta aí, Xereta. Vê bem, garoto, tu te abre, ou vai ficar com o pé debaixo do carro...
>
> ... O motorista ... olha para trás... o parrudo acena para que continue a vir... Dito dá um berro...tenta arrancar com as mãos o pé sob a roda do carro... Bandeira 2 faz sinal ao motorista... o carro move-se, liberta o pé do garoto... Dito tem uma perna encolhida, as lágrimas misturam-se à baba que escorre dos beiços.
>
> — Matei porque mandou um porco imundo espancar a gente.
>
> — Porco imundo! repete Bandeira 2.
>
> ... Pisa-lhe o pé ensangüentado..., o branco aplica-lhe uma cutelada no pescoço, ele desmaia...
>
> — E o pé do pivete? — indaga Xereta.
>
> — Deixa ele com o plantão do pronto-socorro e ponto final. Na correria pra fugir da gente, preferiu entrar debaixo de um carro (p. 94).

No episódio do cemitério, os funcionários se entendem em um *acordo de silêncio*: escondem a morte de Pichote, escondendo o corpo do menino, sob um "*riso cínico*" do "*mulato forte*" (p. 18). Nesse último trecho, os policiais subalternos (que com esforço identificamos como *Xereta, Bandeira 2* e *Pestana* — uma vez que suas falas confundem-se pela semelhança), também sob as ordens de um superior, o "*branco*", rindo não só *cinicamente*, mas *debochadamente*, enquanto levam o garoto ao desmaio, também se entendem com um acordo semelhante.

As informações sobre os tipos completam-se. Inicialmente é difícil, para Dito, identificar quem é quem, como da vez em que foi preso na casa de Débora: "*Dito não sabia o que fazer. Não conseguia entender se o tira era um tira ou traficante amigo de Débora, querendo passar Cristal para trás. Estava bastante confuso e bastante atordoado*" (p. 33). A personagem ouve nomes e o leitor pode acompanhar o que vê e ouve. Sabemos que quatro policiais levam a tortura como a *brincadeira* dos outros policiais, antes da viagem a Camanducaia.

É esse atordoamento que nos interessa. Há, na realidade, muita dificuldade de a personagem perceber o que está por trás das figuras que rapidamente desaparecem de seu campo de visão, pois não consegue perceber o *fundo*. Não há profundidade no que vê. Entretanto, de *brincadeira* em *brincadeira*, vai aprendendo a conhecê-las; vai processando e recompondo as poucas informações que tem e personificando essas figuras que fizeram crescer nela, por meio do ódio acumulado, o desejo de vingança.

Dito começa a identificar pouco a pouco esse *tipo*, soma de vários. O motor que o impulsiona é a tristeza e o ódio que crescem correspondentes ao sofrimento físico e moral impingido a ele, a seus amigos, e aos sem defesa, como os garotos da Colônia Agrícola. Por isso, quem encontra, semelhante aos tipos que odeia, deve ser morto. Matá-los com todos os requintes de maldade torna-se sua forma de fazer emergir de sua figura algo mais do que a imagem de um *pivete*.

Mata, então, *tipos*, como o policial da guarita que encontra em sua fuga da Colônia Agrícola:

> Não tinha pressa de concluir a missão, nem forças para dominar o ódio que inchava em suas veias... Tirou a faca da cintura, cravou-a. A lâmina afundou por entre as costelas, o homem esperneou e caiu, repetiu o golpe, ... o tipo tentava erguer-se, remexia e caía... Dito torna a sorrir. Sente a mesma alegria de quando pegou Débora... Depois a alegria foi se convertendo em ódio, com muitas lembranças... os dedos segurando fortemente o cabo da faca, o golpe brusco. O gordo fez apenas

um gemido e fecha os olhos, filetes de sangue escorrendo-lhe pelos cantos da boca. (p. 106)

Alegria momentânea. O ódio, porém, proporcional às "*muitas lembranças*", mostra que há mais serviço a fazer. Não conhece pessoalmente o tipo responsável pelas atrocidades que vê na colônia de onde os "*delinqüentes não retornariam*" (p. 106). Precisa exterminá-lo. Sente-se *destinado* a vingar aqueles companheiros que não têm forças para fugir e não compreendem o que ele já compreende. Poderia fugir, assim como poderia ter se deixado ficar esperando a morte, uma vez que sabe que *ela* o pegará logo.

Vemos resgatado, nesse sentimento de *destino*, um pouco da figura mitológica dos heróis gregos. Dito tenta dar ao que lhe resta de vida uma significação. Por outro lado, distancia-se muito desses heróis, não só pela alegria imediata que quer gozar pelos seus feitos, ainda em vida, como também não encontramos em seus atos aquela virtude, resultante de *ideais cavalheirescos*, que levava aqueles heróis a serem glorificados; nem tem uma deusa para protegê-lo. Vive em uma época cujo conceito de virtude está muito distante do que dirigia os passos dos antigos. Poderiam ser considerados "*sensatos*" os seus atos?[20] Além disso, como vimos, essa glória não é o que busca, uma vez que seus sonhos, fora dessas situações-limite, são sonhos pequeno-burgueses: quer viver em paz. O protagonista está também muito longe do que parecem ser os ideais do herói dos nossos dias[21].

---

20. Ver M. Helena Martins: "*O poder, entre os gregos...era atributo dos deuses, enquanto aos heróis cabia a glória por seus feitos guerreiros. O perfil de um herói homérico evidencia aptidão para realizar ações sensatas e coroadas de sucesso, conhecimento das nobres artes cavaleirescas...Constitui a forma mais pura de expressão do conceito grego de areté, da virtude; não enquanto limitada à moral, mas como resultante do mais alto ideal cavalheiresco, de conduta cortês, distinta, unida ao heroísmo guerreiro. Muito distante está, portanto, das ambições do homem moderno*". *Agonia do heroísmo.* Porto Alegre, LP&M, 1980, p. 107.

21. Ver Lucien Goldmann. O autor, baseando-se em distinções de Lukács e de Girard, tentou uma abordagem genético-estrutural do romance moderno. "*A forma do romance que Lukács estuda é a que caracteriza a existência de um herói romanesco por ele definido...na expressão 'herói problemático'. O romance é a história de uma investigação degradada (a que Lukács chama 'demoníaca'), pesquisa de valores autênticos num mundo*

Mas seus movimentos, nesse episódio (e ainda mais no da execução de Cristal, que veremos a seguir), não são os de um indivíduo perdedor, ou de um jovem como outro qualquer. Distingue-se, literalmente, dos *desgraçados* (ou desgraçados), mas seus atos são considerados *extra-ordinários*, ou fora da ordem.

> ... prosseguia avançando.. Aproximou-se o mais que pôde... leu a palavra *almoxarifado*... encontrou uma faca... Era a possibilidade que teria. Ele e todos os que morriam de fome... E avançava olhos e ouvidos atentos... se ocultaria. Até descobrir o chefe. Outro qualquer não interessava... Morte lenta, que vai aos poucos enlouquecendo, até o organismo atingir estado de demência, sonolência e o cérebro se recusar a pensar na menor coisa. Como estava ocorrendo com ele próprio. (p. 102)

O desenvolvimento dado à narrativa nos leva a acompanhar a personagem-protagonista de perto. Mais ainda: no discurso do narrador, o encaminhamento para a nossa participação na alegria de Dito nos momentos que antecedem a execução desse tipo representativo de tantos tipos. Talvez aí, outra razão para a não catalogação do livro como juvenil.

Passo a passo o leitor pode seguir a personagem:

> ... Caminhou mancando pelo pavilhão... entrou por uma galeria...viu as primeiras garotas. Algumas eram esqueléticas e estavam nuas. Outras se ofereciam... A maioria fazia risos dementes... Dito pôs-se a gritar. Podem ir embora. Sou eu quem tou soltando... Sabia da inutilidade de abrir as portas, mas prosseguiu na sua tarefa. Uma força superior o impelia para frente... ficou espiando os garotos que continuavam adormecidos, indiferentes à chance que lhes dava...era preferível que morressem naquela noite, a ficar secando por trás das grades... Tudo que desejava era que a morte o surpreendesse após ter conseguido botar a mão no inspetor... O ódio rebentava-o por

---

também degradado, mas em um nível diversamente adiantado e de modo diferente. Por valores autênticos devemos compreender, bem entendido, não os valores que a crítica ou o leitor julgam autênticos, mas aqueles que sem estarem manifestamente presentes no romance, organizam, de modo implícito, o conjunto de seu universo. É óbvio que esses valores são específicos de cada romance e diferem de um romance para outro". A sociologia do romance. Rio de Janeiro, Paz e Terra, 1967, p. 8.

dentro...Renovava-se de dentro para fora...Ergue o braço, aperta os dedos, a lâmina baixa com força, o tipo geme e tenta voltar-se, aplica mais dois golpes e já está sobre a cama...furou-o no peito...verificou com tristeza que havia morrido. Sem tempo para lamentar-se. (p. 108)

Dito não tem família e não freqüenta escola. Sua formação acontece no *toma lá, dá cá* daqueles que não freqüentam espaços "normais": casas, escolas, empregos. Seu tempo é marcado pela história produzida em outros espaços. Para chegar aos atos que vimos transcritos no trecho anterior, houve um longo aprendizado que foi sendo mostrado no decorrer da narrativa. Outros antagonistas não facilmente identificáveis como tais empurram-no indiretamente para isso. No caso de Dito, antes mesmo que Cristal — sua promessa de vida mais frustrante — o entregue aos *tiras,* ou melhor à *justa.*

Outros tipos: os negociantes, os empregados, os velhotes e as madames

O rapaz também não aprofunda sua visão sobre os habitantes das cidades em que vive, pois não vê aproximação possível: é um garoto de rua; um *pivete.* Sua morte não interessa a ninguém: "*Esses pivetes são largados no mundo, doutor. Duvido que apareça alguém aqui para reclamar*" (p. 21).

Assim, são apresentados — da mesma forma que os policiais, como uma somatória de características tipificadas — os comerciantes, e empregados em geral, que os meninos vão encontrando em seu caminho, quando andam pela cidade. Dito sabe os limites que lhes são dados. Por isso não entra como um cidadão comum nos bares em que se alimenta, mesmo pagando sua comida: "*escolheu um lugar reservado... Não sentou perto da porta porque o garçom ficaria temeroso de servir. Pôs uma cédula de dez na mesa. O tipo era moreno e magro, veias grossas no pescoço, um olho sendo comido pelo tracoma. Usava gravatinha de laço preto, sapato de saltos roídos*" (p. 56). Dito sabe seu lugar. O garçom parece, entretanto, mais pobre do que o protagonista, assim como o velhote do suadouro.

Toma lá, dá cá parece dizer Castigo de Mãe às *madames*:

> — Uma bosta. Tou tirando a aposentadoria, hoje. Não dá, bicho. Andei duas horas atrás daquela puta velha e sabe quanto queria me dar? Duas pratas. Aí eu disse: qual é, vovó, tou suando como um filho da mãe e no mínimo vou querer dez... Sabe o que fiz?... Patolei a mão na bolsa, sacudi tudo que tinha pra fora, ela ficou gritando, querendo me agarrar. Dei um chega-pra-lá, ela caiu por cima das compras... Do contrário se vira boi de carga, com um bando de tira e fiscais cercando pra tomar metade do que se ganha...Não dá, cara. A gente tá se arriscando e todo mundo ri da nossa cara. Não se pode ser honesto. Ninguém acredita. É perda de tempo. Malhar em ferro frio. (p. 68)

Castigo de Mãe chama a *madame*, reconhecida como pertencente ao mundo dos que compram (defendida pelos *tiras e fiscais*), de *puta velha*, no momento em que decide entrar no negócio com aquelas que, por esses, são chamadas de putas, pelo tipo de profissão não-reconhecida que levam. Para ele, "*o embalo...é o que Zebrado tava fazendo...Com meia dúzia de garota legal...boazuda de verdade, pra encher os coroas de desespero*" (p. 69).

A mesma oposição que se coloca nesse trecho — puta/ madame; garota legal/prostituta — encontraremos no episódio de Camanducaia, muito próximo aos fatos que deram origem ao romance. Talvez por isso, nesse episódio, as personagens/mulheres apresentadas resvalem para caricaturas: tanto as que representam o *Bem*, no caso as putas; quanto as que representam o *Mal*, as damas de caridade.

Como já vimos, são as prostitutas da zona, comandadas por Elizena, que recolhem os meninos, a pedido do "*delegado, de estatura média, ainda jovem*", que "*não parece nervoso por ter sido chamado tão cedo*" (p. 180). Ele continua calmo quando encontra a garotada nua, machucada e em algazarra no posto. Apenas diz, mandando os policiais guardarem as armas: "*Acabou a festa...Tou com um ônibus aí fora... Em Camanducaia vou conseguir roupa para todo mundo*" (p. 181). Depois de ouvir os garotos, num relato feito rapidamente por Dito (o trecho assemelha-se ao do Dito real referido no início de meu trabalho), e providenciado socorro médico para os mais feridos, toma as providências para vesti-los. Pede a um policial para procurar *"primeiro as senhoras da assistência paroquial"* (p. 186). Os detalhes da descrição da casa de uma dessas senhoras são bem diferentes dos da rua da Usina, para onde foram empurradas as prostitutas:

> ... Aparece a senhora de ar bondoso, cabelos quase totalmente brancos.
>
> — Bom dia, Dona Chiquinha.
>
> Antes que continue ela pede que sente. O policial está numa sala ampla, com móveis e objetos antigos. O teto é alto, o forro de tabique, pintado de branco. Num canto, o santuário, alguns paramentos, panos rendados, panos bordados, sobre os quais estão pires com oferendas. Nas paredes, além das imagens dos santos, dois retratos grandes e ovais. Do moço de bigode e colarinho alto, da moça que fora dona Chiquinha... A mulher sentou-se no sofá, botou pequena almofada por trás das costas. (p. 187)

Numa descrição rápida, vemos o cenário montado para a velha mulher entrar em cena: uma casa pura como o branco das paredes. Poderíamos dizer higienizada do mal pela presença do santuário, paramentos e oferendas. No retrato do casal, a *dignidade da família*. Dona Chiquinha não se diferencia do tipo que conhecemos como *a carola*. Após se inteirar do ocorrido — *"desde cinco horas estavam quebrando a cabeça com um problema que havia surgido, que não era da jurisdição de Camanducaia... Vai daí que se está com a delegacia cheia de garotos...parece que são 52"* (p. 187) —, mostra-se reticente e escandalizada, repetindo, *"com ar de desolação: todos nus!"* (p. 187). Justificando a impossibilidade de atender rapidamente à solicitação para que movimentasse o pessoal da assistência paroquial, porque *"seu vigário não tá na cidade"* (p. 188) e desejando que *"Deus se apiede deles"* (p. 189), manda dizer ao delegado que o procurará mais tarde. Antes, terá de encontrar Engrácia e Maria Quitéria: *"—São duas pessoas de coração de ouro"* (p. 188).

Introduzindo a conversa entre duas carolas — Chiquinha e Engrácia —, o narrador vai mostrando sem muitos preâmbulos a relação entre a comodidade da última e o cargo que o falecido marido ocupara na cidade. Sua casa *"é um pouco mais moderna. Os móveis não são escuros nem pesadões... Era uma das poucas casas de Camanducaia que tinha telefone... desde que o finado marido... assumiu por uns tempos o cargo de prefeito municipal"* (p. 190). Ambas, enquanto tomam café que *"a empregada traz numa bandeja de prata... além do café vem pires com doces e biscoitos de fubá"* (p. 190), comentam o fato — *"um sinal dos tempos ... o resultado da sociedade que tá apodrecendo no mundo ... um bando de mulher irresponsável a botar filho no mundo e não ter como criar"* (p. 190). Procuram Quitéria e decidem *"que a ajuda que se pode dar ao delegado é espiritual"*. (p. 199) Só resta ao delegado procurar as mulheres da zona.

É interessante observar o final da parte VII do capítulo 7 (dedicado ao caso Camanducaia), em que se alternam as decisões das carolas, do delegado e das prostitutas:

> — Tenho pensado em como ajudar e não vejo solução. Sair pedinchando coisa, isso é demais!
>
> — É humilhante. Dizem os mais velhos que não se deve vestir um santo para desvestir outro.
>
> ... — Esses que chegaram nus, de santos só têm a cara. É esse tipo de crianças que os pais deixam nas ruas.
>
> O delegado...sabe que dificilmente poderá contar com as senhoras da assistência paroquial.
>
> — Vamos resolver o problema, sem precisar dessa raça. Vai na zona e diz pra Elizena Mendes dar um pulo aqui...
>
> Em menos de meia hora está de volta, acompanhado de uma mulher morena, de boa estatura.
>
> ... — Senta aí, Elizena. Tou com um problema que só tu pode resolver.
>
> Elizena Mendes... olha todos aqueles meninos nus e seminus, amontoados, com o frio que fazia... Controla-se para não chorar, principalmente quando vê o menorzinho se torcendo de dor, o braço partido e já bastante inchado. Sai às pressas da delegacia...
>
> — Leva os sacos de farinha pra casa de Elizena. Vamos transformar em roupa tudo que for pano que se encontrar. (p. 192)

Podemos dizer que as madames são abertamente criticadas, assim como se percebe um determinado sentimentalismo na pintura das infelizes, injustiçadas, mas boas mulheres da rua da Usina. O episódio, talvez porque muito próximo de fatos e pessoas reais, perde a densidade ficcional. E, ao mesmo tempo, não tem o impacto que se encontra muitas vezes em narrativas jornalísticas. Observo não só nesse trecho, mas em todo o capítulo, aquela espécie de não crédito no leitor. É como se uma "mensagem" tivesse de ser entendida. A narrativa, então, resvala para o didatismo tão comum em livros juvenis. Talvez, para Louzeiro, alguns dos leitores que imagina para seu livro possam ser, de alguma forma, semelhantes às Chiquinhas e às Quitérias: pessoas menores; leitores menores, mesmo que não sejam crianças.

Um outro tipo de tira: realidade ou ficção?

É interessante observar, nesse mesmo capítulo 7, uma mudança na pintura dos tiras. Aí, não se verifica o antagonismo direto do narrador.

O delegado diferencia-se muito do *Dr. Mauro*. Educado, objetivo e discreto. Manda os guardas recolherem as armas e trata a prostituta com todo o respeito. Chama-a até pelo nome e sobrenome: *dona Elizena Mendes,* embora a opinião de uma outra prostituta, a *Ofélia Pinto*, na conversa que mantém com suas colegas, a *Nilva Barbosa*, a *Edna de Oliveira*, a *Maria da Glória* e a *Maria de Jesus*, enquanto costuram as roupas dos meninos, é que o *"Doutor Emiliano só trata...com atenção quando tá precisando..."* (p. 193). Quando o delegado recebe a notícia de que um jornalista o procuraria para entrevistá-lo, fala dele com a animosidade de quem reconhece que teria alguns problemas que preferiria não ter de enfrentar: *"É um jornalista que chegou por aí. Mais um pouco vai encher o saco"* (p. 194). Apesar disso, recebe-o bem. Transcrevo o trecho em que se encontram policiais e jornalistas, uma vez que se sabe que a personagem/repórter representa o autor, Louzeiro, conforme relato no livro não-ficcional sobre Pixote:

> ... o carro de reportagem estacionou em frente à delegacia. Saltaram três homens: o motorista, o que carregava máquina e *flash*, o barbudo que deveria ser o repórter. Encostado ao portal, 25 acompanhava a movimentação. O barbudo perguntou pelo delegado. O policial respondeu com má-vontade. Sabia

que o delegado estava ocupado, não podia perder tempo com mais explicações. O repórter insistia... tirou a carteira de cigarros, ofereceu... o policial não pôde recusar. Puseram-se a conversar...

— Como foi a história dos garotos?

— Se sabe a partir do instante em que apareceram no posto... Dizem ter sido desovados por policiais de São Paulo...

— Pode se levar um papo com eles?

O policial se embaraça.

— Poder pode. Mas era melhor falar antes com o delegado.

O repórter entende que era uma questão de hierarquia, não queria deixar o policial em má situação.

— E os outros?

— Que outros? — diz 25 um tanto aereamente.

— Ora, se os garotos afirmam que no ônibus estavam 100, estão faltando 48.

O policial mexe-se na cadeira, sacode as mãos em sinal de impaciência.

— Disso não entendo nada. É rolo do pessoal de São Paulo. Quando chegar lá pergunte a eles. Por aqui se tá cuidando dos 52.

O delegado aparece. Repórter e fotógrafo levantam-se, falam do jornal que representam. (p. 196)

A apresentação da personagem/repórter assemelha-se à de outras tantas, apesar da facilitação: *o barbudo deve ser o repórter*. O diálogo é objetivo, frio e cuidadoso. Bem como o diálogo do repórter com o delegado:

— A que o senhor atribui essa desova?

— Não é novidade... Quando a situação aperta em determinados centros, o caminho é esse. Dar baixa pro lado de alguém. Só que no meu caso, não vou aceitar... Bagunçar a minha jurisdição é que não pode.

— O senhor já esteve no lugar em que foram jogados?

— Ainda não. Pretendo ir lá, logo resolva as coisas por aqui. Primeiro estou tratando de conseguir roupa pra eles todos. Já se obteve comida e logo mais vamos ter um jantar reforçado. Amanhã então vou descer até o fundo da ribanceira.

— Pode-se ver os garotos?

O delegado levanta-se, o repórter, o fotógrafo e 25 vão atrás. Chegam em frente às grades do xadrez. Lá estão eles... (p. 197)

Em todo o trecho, apenas a referência à paciência do delegado e a indicação do movimento de todos até as *grades do xadrez*. Talvez, aí, um acordo de entendimento com o leitor. O repórter não julga, não emite opiniões. Os não-ditos dizem mais.

Não se sabe a seqüência da história dos meninos e dessas personagens que nos foram apresentadas. Sabemos apenas que o repórter ouve a história de Dito. Ao terminar a entrevista, pergunta ao menino se ele acha que iriam voltar para o juizado. "*Dito faz um ar de riso: — Qual a diferença?*" (p. 198).

Assim como aparece mais humanizada a figura de Dr. Emiliano, também vemos humanizada a figura do policial apresentado pelo narrador como "*um tipo mulato, cara amassada e olhos vermelhos de sono*" (p. 178), sempre nomeado como *João Domingo*, mas colega do 25 e de um "*policial balofo*". João Domingo quando ouve o relato de Dito fica "*um tanto surpreso..., o policial balofo não acreditava*" (p. 182). Como não encontram médicos, é ele que põe o braço quebrado de um dos garotos no lugar. Na fala do narrador, o policial "*mostra um pouco de sua habilidade. Afinal, na delegacia, somente o colega era solicitado a fazer as coisas. Ele ficava em segundo plano. O próprio delegado poderia ver como sabia dar jeito em qualquer tipo de caso*" (p. 185). O que fez suscita ciúmes do colega *balofo*: "*Se saíam para uma diligência e o carro enguiçava, aí, então, é que João Domingo demonstrava toda a sua burrice... Não ia ser um servicinho de nada que poderia projetá-lo por cima do prestígio que conseguia... em anos e anos...*" (p. 186).

Talvez na figura desses policiais com seus problemas e suas rivalidades, um indício de aspectos mais pessoais dessas personagens/tiras. Quem realmente são?

Cristal

Para Dito, Cristal é a figura que mais vai deixando brechas e, ao mesmo tempo, ocultando pistas sobre seu perfil de antagonista. Para o leitor, seus contornos podem parecer claros desde o princípio, como já se viu.

Quando pensamos em Cristal, não podemos deixar de lembrar *Fagin*, o judeu explorador de menores, personagem de Dickens em *Oliver Twist*. Como ele, Cristal usa menores para roubar. Entretanto, Fagin é muito mais cristalino que Cristal. Apesar da ingenuidade de Oliver, o menino logo percebe o seu perigo. Não tem dúvidas a seu respeito. Para Dito, compreender Cristal é muito mais complicado.

É por intermédio desse adulto que o menino atravessa a *linha de sombra* que separa a infância e a maturidade; começa a compreender a opacidade do novo mundo para o qual quer se transportar, ou melhor, a opacidade dos adultos que *ordenam* esse mundo. Dito não aprende *com* seu mestre. Aprende *por* sua causa.

Proporcional à *esperança* de mudança que aquela espécie de papai-rico lhe acena, é o ódio que vê crescer por aquele tipo, que sempre deixava seus "*pensamentos desencontrados*" e era sempre capaz de uma ursada (p. 65); ele era responsável por sua *desesperança*. Quando chega a compreendê-lo, compreende-se: não é mais o Dito criança de rua igual a tantos outros.

Planeja tão longamente a morte de Cristal, quanto se demora na decifração do que ele representa na realidade. Cristal é a revanche possível.

E o leitor acompanha a finalização dessa vingança em longos parágrafos. É o *clímax* de uma luta há muito iniciada.

Vejo, nessas páginas dedicadas à morte de Cristal, uma espécie de reverência ao momento de glória da personagem. E, como na duração desse momento, concentram-se passado e futuro em um presente expandido, expandem-se também os parágrafos. Na parte VII, do capítulo 5 (páginas 125 a 131), temos apenas dois parágrafos em três páginas até o encontro de Dito com Cristal. (p. 129)

Alguns trechos da seqüência:

> ... sobe pelas escadas, toma o elevador no segundo pavimento. Sai num longo corredor... Toca a campainha, corre para o vão da escada. Fica espiando... Introduz a micha... aviva a chave com a lima... a porta se abre. Como esperara por aquele momento!... Arrebenta o cofre, dentro estão anéis e pulseiras

> de ouro...dólares e um prendedor de gravatas com pedra de brilhante... No móvel escuro... um revólver... Procura a munição, não encontra. Volta à cozinha, examina as facas. A de cabo de madeira era a melhor... Fica admirado do luxo... vidros de colônia francesa... armário repleto de roupas... sapatos de toda cor... Estendeu-se na cama... Esperaria que... aparecesse, falaria com ele de frente... o relógio na parede trabalhava alto... Não estava com pressa... Acomodou-se na poltrona, estendeu as pernas... ouviu o lamento das meninas sendo apanhadas pelos cães, a voz sumida do garoto... ouviu seus próprios gritos implorando por um gole de água... Cristal não gostaria que esse tempo se abreviasse... Quando o relógio assinalava 22 horas abriu a geladeira, tirou um pouco de presunto, uma Coca-Cola... A descarga do WC no apartamento superior foi acionada duas vezes antes de os ponteiros chegarem à meia-noite... Ora, como era bom negociar com garotos inexperientes. Chama-se uns quatro pivetes, eles se esculhambam... depois levam no rabo... Os tempos mudam... era isso que ia provar ao traficante... depois dele viriam outros: o delegado Mauro, Roxão, Caramelo, Xereta, o homem do cemitério... Mais uma vez sentiu que aquele era um momento de alegria..." (p. 29). Os ponteiros... continuavam a caminhar... aí... a porta se abriu... Cristal estava à sua frente... mandou que tirasse a calça e a camisa...
>
> ... — Qual é o drama? — indaga cinicamente Cristal...
>
> ... Tolice ficar ali perdendo tempo. Se tentasse alongar a conversa, terminaria enrolado...apenas olhava aquele tipo nu... Parecia um trapo... Rastejava como os outros... Acionou o gatilho... O filete de sangue alongou-se no peito... Cristal cambaleou... empurrou-o com o pé, acionou mais uma vez o gatilho, desta vez apontando a cabeça... Abriu a geladeira, tirou mais presunto..., pôs-se a comer, enquanto admirava a quietude de Cristal...
>
> Tanta confusão, ... tanto plano feito e malfeito, e ali estava. Dormindo como Pichote, Estrelado e Zebrado... Recostou-se na poltrona... adormeceu. A presença de Cristal não o incomodou, muito menos a noite povoada de mistérios. (p. 131)

O passado e o futuro aproximam-se como se não existisse espaço entre eles. Paradoxalmente, o leitor acompanha minutos e segundos extensos. Dito não quer que esse tempo de alegria passe rápido. Como Cristal, *não gostaria que esses momentos se abreviassem.* O ritmo da narrativa parece medido pela intensidade e peso dos gestos conseqüentes da personagem, pelo menos nessa vitória: *o relógio trabalhava alto*.

Nessa batalha, o protagonista *executa* um tipo antagônico representativo de outros. Ainda é uma revanche entre indivíduos: *rastejava como os outros*. Sua consciência social, como já vimos, é relativa. O vingador — apenas um menino de rua — ignora causas mais gerais para que sua vingança ressoe mais longe[22]. O narrador atua como uma espécie de mediador para o leitor, supostamente menos ignorante ou, melhor, com uma compreensão maior de fenômenos históricos/sociais do que a personagem protagonista.

O livro de Louzeiro parece não ter sido feito para o entretenimento desse leitor. A aventura é *uma aventura desventurada*.

Para a personagem, entretanto, seu ato foi grandioso. Acredita que a morte de Cristal o tenha liberado para outras vitórias. Abre a geladeira e adormece *na noite povoada de mistérios*.

O narrador continua anunciando coisas que a personagem continua a não perceber.

A *natureza*, como tal, durante todo o decorrer da história, é uma extensão representativa de estados de ânimo de Dito e de situações vividas por ele. Chove e escurece em momentos intensos — "*a tarde estava se extinguindo*" (p. 113); "*continua a chover fino, o frio da cidade é intenso...há um ar de recolhimento nas pessoas e nas coisas*" (p. 187). O dia se desanuvia e esquenta em momentos de distensão, tanto da personagem, quanto da narrativa" *ficou acompanhando as réstias de sol, o gato que se espreguiçava* (p. 115) "; "*na tarde de sol quente ... disse estar pronto para partir*" (p. 116). Assim também, a *cidade*. É tão acolhedora para os meninos, como

---

22. Ver Antonio Candido no ensaio, já referido, sobre a vingança. O autor comenta o fato de Edmundo Dantés, de Dumas, ter se humanizado no final: "*Não deixa de ser meio decepcionante essa recuperação da normalidade ética, após um esforço tão grande de exceção. Tudo vai voltar aos eixos, e o burguês pode dar sossegado esse livro aos filhos... O recuo de Monte Cristo, sendo um imperativo lógico de toda hipertrofia individualista, é também uma renúncia aos riscos do Romantismo criador. O Conde se cansa, como todo obreiro; arquiva a paixão de fogo e gelo que o animou durante mais de vinte anos, entrevendo, num primeiro impulso de senilidade, o conforto nos braços dóceis da jovem Haydée. 'Aguardar a esperança', — aconselha então. Mas haverá lugar para os que sobrevivem à própria missão, construtiva ou destruidora?* CANDIDO, Antonio. Op. cit., p. 27.

o era para Pichote, naquela *manhã clara e leve* que introduz o romance. Os meninos banham-se em suas fontes, acordam com seus barulhos, dormem à luz das estrelas. Mas são proibidos de considerá-la sua. Os donos do espaço são outros.

Dito não se entrega. É no meio do movimento e do burburinho de São Paulo, a sua última corrida. Ele não vai ao encontro da morte. São os outros que o empurram para ela. Sobe o mais alto que pode, com o companheiro Zé Inácio e olha a cidade:

> — Vamos pro parapeito ou acaba rasgado pelo cachorro... Sobe lá ou acabo contigo aqui mesmo!
>
> Jamais imaginara terminar daquela maneira... As lágrimas corriam, um nó crescendo-lhe na garganta... E, quando percebeu, estava quase acima do parapeito..." (p. 227)
>
> Num instante a praça encheu-se de curiosos. Motoristas saltavam dos carros para ver de perto os assaltantes do supermercado. As mocinhas com farda da escola estavam silenciosas. A velhota chegou-se perto de Zé Inácio, colocou-lhe uma flor. Dito, estava voltado para a tarde que também esmaecia. O homem da capa tomava notas. O que estava com ele prestava esclarecimentos.
>
> — Preferiram pular a se entregar!
>
> O homem da capa sacudia a cabeça em sinal de desapontamento. As cédulas que Dito colocara no bolso estavam sobre sua roupa ensangüentada, a cada ventinho que dava, ameaçavam girar, como papéis imprestáveis, movidos no rodamoinho. (p. 228)

Na fala do narrador, enquanto "*a tarde também esmaecia*", os habitantes *ordinários* (os dentro da ordem) dessa cidade, entre os quais "*as mocinhas com farda da escola*", olham, "*silenciosos,*" mais uma vez, aquele *pivete*, aquele *pixote*, enquanto "*o homem da capa*" que "*tomava notas sacudia a cabeça em sinal de desapontamento*".

Talvez, por mais um acordo de silêncio.

2. Personagens meninos de rua *clássicos* na literatura de aventura

Apesar de ter um protagonista/jovem bastante diferente dos protagonistas/jovens de livros considerados juvenis, poderíamos dizer que *Infância dos mortos* segue um esquema semelhante ao das chamadas *narrativas de aventura*. Apresenta-se sob uma forma consecutiva e progressiva, na qual estão presentes temas e motivos explorados pelos autores desse tipo de narrativa, mesmo antes de se classificarem como romance de aventura. *Viagem, traição/vingança, prisão/fuga* estão aí presentes.

No livro de Louzeiro, como na tradição do gênero, o risco de vida é uma constante e a morte apresenta-se como possibilidade, cabendo àqueles que são ameaçados esquivarem-se. Mesmo apresentando essas características, soa estranho enfocar como *aventura* os movimentos das personagens em *Infância dos mortos*: a personagem protagonista é apresentada desde o início como marginal, intermediário na venda de drogas; pratica pequenos e grandes roubos; explora madames e velhotes; transforma-se, já no segundo capítulo, em assassino; mata inimigos e, como se não bastasse, ajuda um amigo a se matar. Além disso, sua morte aparece anunciada desde o princípio (e/ou desde o título) para os leitores.

Não poderíamos comparar Dito a *Robin Hood* — espécie de bom bandido —, defensor dos pobres e oprimidos. A violência extrema não faz parte da lenda do *herói* que se tornou um *clássico juvenil de aventuras*. Dito começa a ser generoso com os mais fracos, como Robin, mas não é o que se considera um bandido social[23]. Robin é o protótipo do ladrão nobre, cuja imagem não é a do criminoso, mas a do *herói* caracterizado por ações moralmente positivas. Rouba dos ricos, para dar aos pobres, mas não deixa de ser um cidadão que obedece ao sistema ético do seu tempo. Dito não lidera nenhum movimento social ou moralmente valorizado por um grupo. Nem mesmo

---

23. Ver estudo de E. J. Hobsbawm sobre bandidos. Para ele, "*o ponto básico a respeito dos bandidos sociais é que são proscritos rurais, encarados como criminosos pelo senhor e pelo Estado, mas que continuam a fazer parte da sociedade camponesa, e são considerados por sua gente como heróis, como campeões, vingadores... talvez até como líderes de libertação, e, sempre, como homens a serem admirados, ajudados e apoiados*". *Bandidos*. Trad. de Donaldson Magalhães Garschagen, Rio de Janeiro, 1976. p. 11. Ver também, MANDEL, Ernest. *Delícias do crime: história social do crime*. Trad. de Nilton Goldmann. São Paulo, Busca-Vida, 1988.

um grupo de menores de rua, pois organiza seus companheiros apenas para se aproveitarem dos lucros de assaltos.

A escola de Dito é a rua, diríamos, usando uma expressão já desgastada. Entretanto, parece que Louzeiro nos apresenta o óbvio, que não se quer ver. Nessa obviedade, o autor retoma, pelo avesso, a temática do menor abandonado, já bastante explorada na literatura, com inumeráveis livros que seguem trilhas de alguns autores considerados clássicos da juventude.

Um desses autores é Daniel Defoe, jornalista como Louzeiro. Escreveu *Robinson Crusoé,* arquétipo não só da forma *romance*, como também da literatura de aventura, como vimos. Publicou também a história de um menor de rua — *Coronel Jack* (1779) —, livro não tão conhecido. No início, a história é muito semelhante à de *Infância dos mortos*. Entretanto, depois de muitas desventuras (semelhantes às de Dito e seus amigos) e às voltas com madames, velhotes e marginais, a personagem, esforçando-se e sabendo aproveitar, *pelo uso da razão* e pelo *respeito a Deus*, as oportunidades que lhe são colocadas à frente, torna-se um *vencedor*, ou melhor, um vitorioso: um homem muito rico que vive muitos e muitos anos, como *Robinson*.

Em *Coronel Jack*, um narrador adulto, na primeira pessoa, já no primeiro parágrafo, tranqüiliza o leitor, salientando o fato de que conta sua vida de uma posição segura, ou seja, diferente da posição que geralmente alcançavam membros do seu *clã*:

> Notando em minha vida um tal lavor da natureza, e apto agora a mirá-la de uma posição mais segura do que geralmente ocorre no clã de que uma vez fui membro, espero possa minha história encontrar no mundo um lugar tão bom como o de algumas que vejo lidas com prazer, embora não possuam nada de tão instrutivo e tão divertido como creio haver na minha[24].

Diferentemente do leitor de *Infância dos mortos*, que, antes de ler a história é alertado com dados nada tranqüilizadores a

---

24. DEFOE, Daniel. *Coronel Jack.* Trad. de Geir Campos. Rio de Janeiro, Francisco Alves, 1982, p. 7.

respeito do que vai ler, o de *Coronel Jack*, ao ler esse parágrafo introdutório, já teria sido informado — no prólogo — de que iria conhecer a história de um homem desde a sua infância, época em que viveu como menino de rua, com outros companheiros[252].

Defoe aponta, nesse prólogo, duas vantagens para a leitura do seu livro: o que ela tem de agradável, interessante, e o seu lado útil e educativo, salientando que a leitura será *útil e educativa* para dois tipos diferentes de leitores: o *leitor perverso* e o leitor, *apenas*[26].

Para o leitor que seria não perverso,

> ... as reviravoltas do seu destino, por este mundo afora, seriam um maravilhoso campo de meditação: um jardim onde se colherá muitas plantas saudáveis e medicinais, nenhuma delas nociva ou venenosa, e onde ele verá a sabedoria e a virtude sempre estimuladas, aplaudidas e premiadas, e as fraquezas e os vícios compensados pela miséria, pela infelicidade vária, o pecado e o opróbrio dando-se as mãos, os criminosos e malquistos, e os crimes sempre condenados[27].

Já o *leitor perverso* haveria de *"achar um convite à mudança"* e verificaria

> que o melhor e o único fim saudável para uma vida desperdiçada na prática do mal é o arrependimento, pois nele estão a paz e o conforto, e talvez a esperança que permitirá o regresso do filho pródigo para quem o final é melhor que o princípio[28].

---

25. Ver ensaio de Antonio Candido "Timidez do romance". Nele, o autor fala sobre a necessidade de justificativas, muitas vezes em prefácios ou prólogos, para a validade da literatura. Diz ele que o problema se agrava no caso do romance, *"por tratar-se de um gênero que não possuía dignidade teórica aos olhos da opinião erudita."* CANDIDO, Antonio. *A educação pela noite e outros ensaios*. São Paulo, Ática, 1989, p. 83. Até que ponto a explicação prévia — uma espécie de epígrafe— em *Infância dos mortos* não se originaria de uma necessidade semelhante a de Defoe?

26. Apesar das inúmeras variantes, parece que o *dulce et utile* (Horácio) estão sempre norteando a natureza e a função da arte e da literatura.

27. DEFOE, Daniel. Op. cit., p. 5.

28. Idem, ibidem. p. 6.

O *romance* desenvolveu-se e adquiriu faces novas nesse entretempo, assim como as expectativas dos leitores foram se afastando daquelas dos primeiros leitores dos romances.

A história de *Jack* não é dividida em partes: é como se fosse um único e longo capítulo. Intitula-se *A vida*. Assim, nas primeiras páginas, o narrador situa-se como nascido de uma união que não poderia vir a ser conhecida, tendo sido entregue a uma aia, logo após ter vindo ao mundo. Foi criado juntamente com o filho legítimo da mulher e um outro menino, também adotivo, filho de um Major da Guarda. Por terem todos o mesmo nome — João — passaram a ser: Capitão Jack, Major Jack e Coronel Jack.

Embora o livro não apresente nenhuma divisão, a partir da pequena introdução, podemos perceber duas grandes partes que corresponderiam a duas fases da vida de Jack: a que cobre o período da infância à juventude como menino de rua; e o da juventude, propriamente dita, à maturidade. Em cada uma dessas partes, delimitam-se nitidamente subpartes constituídas de episódios que, organizados, levam o leitor a acompanhar, linearmente, a evolução da personagem enquanto cresce em idade e experiências. A lógica da personagem faz-se perceptível pela arrumação dos eventos escolhidos para cobrir alguns períodos de tempo, coordenados a espaços físicos e sociais determinantes. Esses episódios, permeados pelo reiterado discurso confessional, vão compondo o quadro que o narrador explicitamente quer representar: a mudança de vida possível a qualquer indivíduo (até quem tenha vivido como marginal), quando aprende a dirigir seus próprios atos para atingir alguma meta, mesmo que longínqua, usando seu senso de oportunidade. Na passagem de uma fase a outra, ou de uma parte a outra: o recomeço. Mas diferente, porque fruto de conhecimentos adquiridos pela experiência. Portanto, patamar, ou degrau mais elevado. O Coronel, como um cidadão bem colocado na sociedade, confessa ter querido relatar sua vida, exatamente, porque soube modificar o destino comumente marcado para aqueles que têm origem semelhante à sua: o cadafalso. Dos três irmãos *Joões*, só o coronel soube.

Também na história de *Robinson*, anterior a *Coronel Jack*, o leitor segue a narrativa da vida de um homem. Da mesma forma, um único e longo capítulo, que podemos dividir em partes e subpartes bem marcadas. A partir de pequena introdução que fornece, como em *Jack*, alguns dados sobre as origens familiares do narrador (no caso uma família constituída de pais e irmãos verdadeiros), o leitor acompanhará um jovem desde que sai de casa, aos dezenove anos, até a sua velhice. Três grandes partes fazem-se nítidas: 1 — As viagens anteriores a um naufrágio (oito anos); 2 — Os vinte e oito anos passados solitariamente em uma ilha; 3 — A vida após a saída da ilha. Em cada subparte, episódios que, cronologicamente, vão mostrando os eventos (e também minúcias) do dia-a-dia que marcaram os anos de uma pessoa que, apesar das dificuldades encontradas, não apenas sobreviveu a elas: soube, pacientemente, aproveitá-las para construir para si mesmo um patrimônio invejável de bens materiais.

Diferentemente de *Infância dos mortos*, o esquema seguido para contar os fatos das vidas tanto de Jack, quanto de Robinson, nos deixam ver a extensão do tempo cronológico coberto pelas narrativas. O tempo se prolonga e se completa não só pelo narrado, mas pelas promessas de continuidade de vidas e de narrativas a respeito delas. A infância prepara a maturidade que nos parece sem fim. Forma e conteúdo são coerentes e integrados. O narrador perde-se em minúcias que, para o leitor de hoje, pareceriam desnecessárias[29]. Embora saibamos que, à necessidade de acumular a história com descrições detalhadas para uma aproximação realística do leitor, se juntavam interesses menos intelectuais do autor, a impressão que nos fica é a de que as páginas que acompanhamos correspondem a um tempo vivido muito extenso. Parece que cada frase poderia ser desdobrada em novos relatos. Apenas somam-se; acrescentam-se. Sentimos que há um final, porque o livro tem de acabar. O fundamental é que a vida continua. Não é o sem-fim das narrativas de Sherazade; não é a história que é sem fim. É o indivíduo que prolonga seu tempo e conti-

29. Sabemos que, no novo modo de produção, os autores eram pagos pelo número de páginas que escreviam. Além disso, era necessário escrever de maneira muito explícita para ajudar os leitores menos instruídos, ou seja, da *"classe do meio"*, que formava o novo contingente de leitores a serem atendidos e formados.

nua a se construir sempre. Não é o tempo que comanda o homem, mas o homem que o comanda.

Robinson e Jack mostram esse processo de preenchimento do (e transformação no) tempo: modificam-se em função de deixarem a vida fluir ritmadamente para alcançar uma espécie de completude em um tempo final. Não há pressa. O que nos é apresentado é a possibilidade de vida plena. A morte não é uma presença sinistra, como em *Infância dos mortos*. Aparece apenas para os que não sabem viver. A *aventura* se faz todos os dias, em todas as horas. E há muitas horas, muitos dias. A infância é, portanto, apenas uma época passageira da vida das personagens; parte de um todo maior. Como em *Jack*, a narrativa de *Robinson* aponta o otimismo do autor, condizente com a época que descobria o valor do homem-comum como dono da sua história: nas *venturas* da personagem confirmam a força e o poder do *indivíduo* quando procura aplicar-se *racionalmente ao trabalho* e é *respeitoso com os ensinamentos de Deus*.

Passados tantos anos das aventuras das personagens jovens de Defoe, vemos em *Infância dos mortos* que Dito e seus amigos também esperam preencher muito tempo de vida com suas experiências; o leitor é que sabe que isso não acontecerá. Os protagonistas de Louzeiro também se modificam em função do que encontram em sua frente; também esperam uma espécie de completude. Mas não duram para tanto. Pichote não vai para São Paulo. Dito e seus amigos até chegam a viajar. Diferentemente dos protagonistas clássicos dos romances de aventura, a cada viagem, um degrau mais baixo, mostrando sua impossibilidade de sucesso.

Dito comanda muito pouco tempo o seu tempo.

Entretanto, já em Defoe, algumas das contradições de hoje. Em *Coronel Jack*, dos três irmãos *Joões*, só o narrador termina como um vencedor. Embora abandonado e menino de rua por muito tempo, orgulha-se da família que não conheceu. O pai, segundo a aia, era rico e um verdadeiro *gentleman*. Justifica seu abandono, uma vez que, na sua classe social, eram enjeitados os filhos de ligações pecaminosas.

Já o filho legítimo da aia, desde o nascimento, é predestinado ao *mal*. Não tem as características de um *gentleman* e desperdiça as oportunidades que lhe foram dadas. Teve, então, um fim merecido: "*acabou sendo capturado e enforcado*"[30].

O outro irmão, como o narrador, "*tinha o seu tanto de nobreza... Os bons princípios eram-lhe inatos, sem nenhum traço da brutalidade terrível do capitão*"[31]. Teria futuro e esse futuro — visto pelo narrador que viveu o suficiente — é contado com uma ponta de orgulho: morre como um bandido; mas um bandido de *muita classe*. Antecipa, assim, alguns bandidos da literatura mais atual, assim como dá continuidade a alguns bandidos da tradição popular:

> ... era tão ladino que não havia grilhões nem grades para ele..., ganhou fama com o nome de Anthony, e teve a honra, com três de seus companheiros a quem ensinara o método inglês de roubar generosamente..., sem matar e nem ferir nem submeter a violências as suas vítimas — teve a honra de, repito, de morrer na roda, na Grève, em Paris[32].

Não são as aventuras dos dois irmãos que o narrador conta, mas ele conclui que a história das aventuras do capitão daria "*um volume maior*" que a da sua:

> ... ele praticou muitos furtos sem o meu conhecimento, até chegar ao seu fim também sem a minha companhia... mas como tais aventuras não fazem parte da minha história, e sim da dele — que aliás daria um volume bem maior que este — omitirei todos os fatos nos quais eu não tenha sido pessoalmente implicado[33].

Interessa essa observação do narrador, pois mostra que a história contada é a do menor de rua que passou para o outro lado. Mas, principalmente, mostra o autor de *Robinson*, já naquele tempo, apontando para histórias que não foram contadas: as dos que não deram certo. Se esses pudessem contar, as histórias seriam mais cheias de *aventuras*.

Outro autor muito lembrado por suas personagens órfãs e abandonadas é Dickens, principalmente com seu *Oliver Twist*.

---

30. Idem, *Coronel Jack*, p. 110.
31. Idem, ibidem p. 10.
32. Idem, ibidem, p. 168.
33. Idem, ibidem, p. 82.

Oliver teve um Cristal em sua vida — o judeu Fagin — e conviveu com os marginais treinados por ele, mas reencontrou um mundo que — acreditava ele — já era seu por direitos de nascimento. Fora abandonado pelas mesmas razões que levaram Jack às ruas. Reencontra sua família, e ganha o *poder* daqueles que têm posses; consegue passar para o *outro lado*. Deixa os *perversos* que — como se sabe — são devidamente castigados. Nós, leitores, acompanhamos as suas *peripécias* para desvencilhar-se deles. Ao acompanhá-las, vislumbramos, como observadores, o que nos é apresentado como o que (numa visão progressista da História) vem sendo chamado de *lado perverso da sociedade*. A óptica é a de um narrador que tomou o partido do *mundo de cima*[34], apesar do discurso ironicamente crítico, revelador do desassossego do autor com o que percebe e quer mostrar da sociedade de seu tempo[35].

Mais perto de nós e em terras americanas, Mark Twain com seu *As aventuras de Huckleberry Finn*. Huck é filho de um pai terrível (pobre e bêbado). Aprendeu a viver fora de casa e gostou dessa vida. Achava muito chata a convivência de seus amigos com a família, a igreja e a escola. Via isso principalmente por meio do amigo *Tom Sawyer* (personagem protagonista de outro livro de Twain, também um *clássico* juvenil). Livro mais leve e divertido. No final, a personagem retoma, como os outros, a vida *normal*, reconhecendo que precisa ser assim: voltando para a casa de protetores e para a escola. Nele,

---

34. Ver epígrafe do livro de Marcos Rey — *Bem-vindos ao Rio*. São Paulo, Ática, 1990, catalogado como juvenil, que será comentado em outra parte deste texto: *"Há dois mundos, o de cima e o de baixo. Quem vive no de cima pode por curiosidade ou acidente conhecer o outro. Mas os que estão no de baixo só através do sonho viajam para o de cima"*.

35. Dickens foi um escritor muito popular em vida (não só na Inglaterra) e depois de sua morte. Foi louvado por muitos e criticado por outros tantos. Uma das críticas mais comuns refere-se à fraqueza da psicologia de suas personagens e à extravagância de suas intrigas. Interessantes os comentários *amorosos* que fazem dessa sua fraqueza (e grandeza, ao mesmo tempo) alguns críticos bastante renomados como André Maurois, Forster, Hauser e Arnold Kettle. Todos salientam que, quando Dickens escreveu sua obra, a forma *romance* estava apenas se iniciando. E o que fica, mais do que a lógica das personagens, ou sua coerência, ou mesmo uma filosofia, é o sentimento de vida, ou a vida que suas personagens deixam entrever. Pode-se reconstruir uma época através de suas personagens.

a aventura é uma aventura. Pode-se vivê-la na infância, porque na maturidade as coisas se complicam[36].

Dito diferencia-se dessas personagens, assim como se distancia de *Pedro Bala*, a personagem/menor de rua de Jorge Amado, clássica entre os leitores brasileiros. Pedro não tem a violência de Dito. Sabe de suas origens e se orgulha de seu pai, que, como um dos estivadores nas docas de Salvador-Bahia, "*morrera em defesa deles e por eles fizera muitos discursos trepado em um caixão, brigara, recebera uma bala no dia que a cavalaria enfrentou os grevistas*". Denunciava, liderando greves, a sujeira das ações que ele e seus companheiros eram forçados a fazer, a mando dos poderosos: enchiam

> ... os porões de um navio de sacos de cacau, fardos de fumo, açúcar, todos os produtos do Estado que iam para pátrias longínquas, onde outros homens... talvez altos e loiros, descarregariam o navio, deixariam vazios seus porões[37].

Pedro Bala não morre. O final do livro anuncia que continuará a luta de seu pai: deixa a marginalidade da rua e integra-se à marginalidade revolucionária. Um futuro que se cumpre, como se cumprem os futuros dos companheiros capitães da areia, vislumbrados desde o início do romance.

Pirulito, o menino religioso que enfeitava a cama com santinhos e medalhas, torna-se frade; Professor, que não só gos-

---

36. Ver ensaio de Ítalo Calvino em *Por que ler os clássicos*. Ao se referir a Mark Twain, diz: "*No papel de escritor de entretenimento popular, Mark Twain teve não só consciência mas também orgulho*". Sua ética social de escritor "*tem pelo menos o mérito de ser sincera e verificável, mais que tantas outras cujas ambiciosas pretensões didáticas obtiveram e perderam crédito nos últimos cem anos: homem de massa ele era de fato, e lhe é completamente estranha a idéia de ter de se inclinar para um patamar mais alto para dirigir-se a seu público. E hoje, reconhecendo-lhe o valor de 'folk-writer' ou contador de histórias da tribo — aquela tribo multiplicada em escala imensa que é a América provinciana de sua juventude — não é só o mérito de divertir que se lhe atribui, mas o de ter reunido um estoque de materiais de construção do sistema mitológico e fabular dos Estados Unidos, um arsenal de instrumentos narrativos de que a nação necessitava para ter uma imagem de si mesma*". CALVINO, Ítalo. *Por que ler os clássicos*. Trad. de Nilson Moulin. São Paulo, Companhia das Letras, 1993, p. 166.

37. AMADO, Jorge. *Capitães da areia*. 50. ed., Rio de Janeiro, Record, 1980, p. 77.

tava de ler (preenchendo o vazio das noites do trapiche com o mundo maravilhoso das histórias que lia para os companheiros), mas também desenhava muito bem, *vai ser pintor no Rio de Janeiro*; Gato, o mulherengo, vai *cavar a vida* em Ilhéus, acompanhando uma prostituta, e continuando a fazer as malandragens que aprendera nas ruas; Volta-Seca, o admirador de Lampião, acaba sendo um bandido muito temido; Boa-Vida, continua na boa vida, *"um malandro completo daqueles que amam a Bahia acima de tudo, que fazem uma vida perfeita nas ruas da cidade"*[38]; João Grande, pouco inteligente, mas conformado, conforma-se com uma vida de certa forma venturosa *"como marinheiro num navio cargueiro do Lóide"*; Dora, a amante prematura de Pedro Bala, a única menina a viver entre os meninos, fica doente, enfraquecida pelo mês que passa no orfanato e morre nos braços de Pedro, que murmura palavras de amor: *"nos corações dos dois meninos não há mais nenhum medo. Somente paz, a paz da noite da Bahia"*[39].

Dito diferencia-se também de outro capitão da areia, o Sem-Pernas, a personagem mais infeliz de Jorge Amado. Sem-Pernas morre ao se atirar do elevador Lacerda:

> A praça fica toda em suspenso, por um momento. 'Se jogou', diz uma mulher, e desmaia. Sem-Pernas se rebenta na montanha qual um trapezista de circo que não tivesse alcançado o outro trapézio.[40]

Morte semelhante à de Dito. Ambos caem das alturas. Sem-Pernas não suporta não ter tido o carinho de uma família. Odeia-se por isso, assim como odeia o mundo injusto. Quando perseguido pelos guardas, a única certeza que tem é a de que não se entregará. Prefere morrer:

> E acima de tudo não queria que o pegassem...Os guardas vêm nos seus calcanhares. Sem-Pernas sabe que eles gostarão de o pegar, que a captura de um dos Capitães da areia é uma bela façanha para um guarda. Essa será sua vingança... Sem-Pernas os odeia como odeia a todo mundo... Amava somente o

---

38. Idem, ibidem, p. 201.
39. Idem, ibidem, p. 190.
40. Idem, ibidem, p. 215.

seu ódio... Sobe o pequeno muro, volve o rosto para os guardas... ri com toda a força do seu ódio, cospe na cara de um que se aproxima estendendo os braços, se atira de costas no espaço, como se fosse um trapezista de circo.[41]

A personagem-protagonista de Louzeiro, em *Infância dos mortos*, não se atira; não desiste. São os outros que o empurram. Em *Capitães da areia*, denuncia-se a injustiça, mas anunciam-se também formas de solução.

Jorge Amado é considerado por muitos críticos um bom contador de histórias regionais, embora seja apontado, também, como exemplo de escritor populista. A tensão, em *Capitães da areia* é mínima[42]. Mesmo assim, a sua primeira edição, lançada em 1937, pouco depois de implantado o Estado Novo, foi apreendida pela censura e alguns exemplares foram queimados em praça pública. A nova edição só pôde sair em 1944.

Hoje, é um *clássico* juvenil adotado em escolas do ensino fundamental e no segundo ciclo, mesmo não sendo catalogado como literatura juvenil.

3. A aventura de heróis menores em *A gang do beijo*

Uma aventura na escola

O livro *A gang do beijo*, catalogado como Literatura Juvenil, foi publicado em 1984.[43] A história é apresentada em 44 ca-

---

41. Idem, ibidem, p. 215.

42. Ver Alfredo Bosi, quando fala do autor: "*Um romancista voltado para os marginais, os pescadores...que lhe interessam enquanto exemplos de atitudes 'vitais': românticas, sensuais...a que, vez por outra, emprestaria matizes políticos. Cronista de tensão mínima, soube esboçar largos painéis coloridos e facilmente comunicáveis que lhe franqueariam um grande e nunca desmentido êxito junto ao público. Ao leitor... a sua obra tem dado de tudo um pouco: pieguice e volúpia em vez de paixão, estereótipos em vez de trato orgânico dos conflitos sociais, pitoresco em vez de captação estética do meio, tipos folclóricos em vez de pessoas...O populismo literário deu uma mistura de equívocos, e o maior deles será o de passar por arte revolucionária*". *História concisa da literatura brasileira*. São Paulo, Cultrix, 1972, p. 456.

43. O exemplar que analisei, como foi dito, é a 11ª edição pela Global. O exemplar da edição revisada que consultei já está na 5ª edição pela Ediouro.

pítulos com títulos que orientam o leitor, dando pistas sobre a seqüência da história. Esses capítulos têm, em média, de quatro a cinco páginas cada um, cobrindo um total de 180. As ilustrações de Ziraldo apresentam, em traços leves, figuras estilizadas.[44] Na contracapa, algumas informações:

> *A gang do beijo* é uma história que focaliza a vida de um grupo de adolescentes, estudantes secundários, em suas peripécias do dia a dia e nas aventuras em que se envolvem ao ocorrer um assassinato em seu colégio. O autor, José Louzeiro, é conhecido pelos seus numerosos romances-reportagem, baseados em fatos reais, muitos deles aproveitados no cinema, destacando-se entre estes *Pixote, a lei do mais fraco*, internacionalmente premiado.

As marcas externas do livro preparam o leitor para uma leitura fácil e leve. As letras são grandes, os capítulos curtos, títulos orientadores da seqüência, ilustrações. Além disso, os detalhes da contracapa chamam a atenção para a trama: aventuras policiais vividas por jovens. Muito semelhantes às marcas de muitos livros da atual literatura juvenil.

A história

A construção do metrô causa confusões em uma escola particular do Rio de Janeiro: o Colégio São Luís. Alunos, professores e direção desorganizam-se. Cinco alunos da sexta série (duas moças e três rapazes) decidem levar à frente um projeto para animar a rotina escolar, ou seja: resolvem formar uma *gang* para beijar colegas. Organizam-se e planejam as estratégias de ataque durante as aulas e os recreios. Assim que o plano é posto em ação, aparecem as primeiras reações: um aluno revolta-se e, para se *vingar* da humilhação, inventa ter sido roubado pela turma. Imediatamente a *gang* força-o a declarar como falsa a acusação. A *gang* passa, então, ao próximo alvo: a bibliotecária (sobrinha da diretora e namorada do vice-diretor). Disfarçados com meias nos rostos, os jovens entram na

---

44. Não há ilustrações na nova edição revisada, da Ediouro.

biblioteca e encontram a vítima, morta: a bibliotecária tem um punhal cravado no peito.

Os componentes da *gang* são considerados os principais suspeitos do crime na escola. Detidos na delegacia, alguns fogem, outros iniciam a captura do verdadeiro culpado. A partir daí, a seqüência é tramada pelas investigações dos garotos ajudados principalmente pelo pai de um deles, e pela investigação da polícia, comandada pelo delegado. Os acontecimentos são acompanhados de perto pelos repórteres de jornais e televisão.

Para os meninos, os principais suspeitos são os professores. Por essas investigações, conhece-se um lado oculto da escola: há professores envolvidos com sexo e drogas. Numa primeira conclusão, a polícia chega a um culpado: o professor de geografia. Mas é apenas um engano. Chega-se à conclusão definitiva, pela pista dada por um menino de favela (o vendedor de café na escola): o verdadeiro criminoso é Carlinhos que tentara mais uma vez vingar-se dos colegas. O colégio volta a funcionar em sua rotina.

Uma outra apresentação de personagens

> Manhã chuvosa de maio. Os alunos do São Luís estavam em aula, quando os trabalhadores do Metrô chegaram com suas máquinas poderosas, puseram-se a abrir o primeiro buraco. Daquele dia em diante, tudo no colégio seria modificado, profundamente modificado. (p. 9)[45]

Como em *Infância dos mortos*, Louzeiro introduz *A gang do beijo* apresentando um amanhecer num tempo não tão distante. A manhã, porém, diferentemente da "*alegre e clara*" que inicia o outro livro (e que acaba por anunciar tempos pesados), aqui é chuvosa. Assim também os tempos que o primeiro capítulo — intitulado *Decadência* — anuncia como os que o leitor vai acompanhar. O espaço é, da mesma forma, o da cidade — Rio de Janeiro: há "*máquinas poderosas*" iniciando a construção de um metrô (marca de progresso urbano).

---

45. LOUZEIRO, José. *A gang do beijo*. 11. ed., Rio de Janeiro, Nova Fronteira, 1992.

Entretanto, diferentemente do primeiro livro, esse espaço — que as pinceladas rápidas de um narrador na terceira pessoa anunciam como o dos fatos que vão ser narrados — parece não ser o espaço aberto do Rio de Janeiro de *Infância dos mortos* por onde os meninos perambulavam. É o espaço fechado de uma escola que se prepara para grandes modificações, uma vez que a construção do *Metrô*, longe de significar progresso, indica o início de uma fase de decadência em um colégio particular. As reformas do prédio *"no melhor estilo art nouveau"* (p. 9) ocasionam transformações no comportamento dos que o freqüentam: *"tudo seria modificado, profundamente modificado"* (p. 9).

É no meio do pó e de papéis jogados que trabalham a diretora (Ana Alexandrino), o vice-diretor (Geraldino Dutra): *"as vidraças cobriam-se de espessas camadas de pó, algumas estavam trincadas, face à intensa atividade dos caminhões pesados, dos bate-estacas, das escavadeiras mecânicas"* (p. 9). Uma grande preocupação dos que dirigem o São Luís é a constatação de que crescem os pedidos de transferência e, conseqüentemente, o movimento do guichê de D. Genoveva (a tesoureira): *"notificações de atraso no pagamento das mensalidades avolumando-se"* (p. 10). Por mais que a bedel (Alzira) insista com a zeladora Alice para que mantenha os bebedouros e banheiros limpos, a escola transforma-se num canteiro de obras. Três meses após o início dessas obras, reina a confusão geral, não só no que diz respeito aos domínios externos da escola:

> Na parede, por baixo dos grandes quadros de jacarandá, com amareladas fotografias dos formandos das turmas de 1930, havia inscrições caprichosamente produzidas a *spray*. Algumas eram simples garranchos; outras, formavam expressões grosseiras, com alusões à escola... A expressão que mais irritava dona Ana Alexandrino, fazendo-a nem ligar para as piadas envolvendo o nome do colégio, era a que dizia, em fortes letras azuis:
>
> Tem bububu no bobobó! (p. 10)

A expressão *"tem bububu no bobobó"*, caprichosamente produzida por alunos *"por baixo dos grandes quadros de jacarandá"*, leva Ana Alexandrino a exigir que Manoel Inácio (ajudante da secretaria) descubra de qualquer forma os pixadores. Como deixar que alunos literalmente manchem a reputação da sua escola? Apesar de toda a atenção na busca dos culpados, todos são surpreendidos com novas pixações. Dizem, grafitando: "*cum nóis ninguém puode*" (p. 12).

Seis meses após o início das obras, a confusão estende-se da desorganização material e dos alunos à dos professores que quase não acham lugar para se *localizar*:

> ... a sala dos professores, anteriormente limpa e com jarro de flores naturais sobre a mesa alongada..., também sofria os efeitos da erosão. Ali, já não aparecia quase ninguém. Quando os professores queriam trocar idéias sobre trabalho, reuniam-se em pequenos grupos, nos corredores ou na entrada da biblioteca, falavam alto, exaltavam-se (p. 13).

O vice-diretor passa a ajudar mais de perto a diretora. Apesar disso, não conseguem evitar a presença cada vez mais constante de garotos que "*ofereciam balas, doces e chocolates*". É com o repúdio a eles que termina o primeiro capítulo:

> ... com os vendedores, em número maior, a bedel Alzira ainda conseguia indignar-se. Manoel Inácio empurrava-os, outros tratavam de esconder-se por trás das portas, infiltravam-se pelos grupos de estudantes: 'Onde já se viu uma coisa dessa?!' (p. 13)

Se o primeiro capítulo introduz o leitor num espaço determinado — o prédio de uma escola decadente, não só do ponto de vista material, mas também educacional (com professores exaltados e alunos rebeldes, ou seja, *fora de ordem*) —, o segundo é dedicado à apresentação do projeto de um jovem ao seu grupo de amigos: "*Foi em um dia chuvoso, corredores enlameados, garotos vendedores disputando clientes, que Beto Bassani, o BB, teve uma idéia original: criar a Gang do beijo*". Chama seus amigos — Toni Ribeiro, Alex Lima, Jane Perkins e Suzy Rainha — e explica o plano, enquanto "*tomavam café em copinhos de plástico, vendidos por Bariloche, um crioulo alto e simpático*" (p. 14):

> BB: Na base do grupo bem armadinho, a gente pode beijar quem quiser...

Jane Perkins: Puxa! ... É a proposta mais sensata que já ouvi nas últimas semanas. É do que estamos precisando; das pessoas se beijarem, antes que o beijo acabe.

Risos, especialmente de Toni Ribeiro.

Mil Faces: Eu vou beijar a garotona de olho verde, da quinta série. Ela é toda cheia de pose.

BB: Calma. Primeiro, vamos organizar um plano, elaborar uma lista dos beijáveis. Tem de ser tudo bem calculado. (p. 16)

Com trechos em discurso direto, entrecortados apenas por algumas poucas falas do narrador, vão se caracterizando as personagens protagonistas: jovens estudantes da escola que querem fazer algo de novo. Não têm um problema grave a resolver; apenas acham que não estão fazendo nada de interessante na escola.

Como em primeiro lugar está a satisfação pessoal — futuras paqueras — no entusiasmo, aparecem afetos e desafetos. Pensam também nos professores, como alvos. Decidem fazer uma lista: "*a gente tem mais é que se estruturar. Primeiro pegamos prática, beijando as coleguinhas, depois vamos em frente*"(p.16). Acham até uma justificativa social para a atividade: "*afinal, de que as pessoas mais se queixam? Não são amadas, ninguém gosta mais de ninguém etc. e tal. Assim sendo, não estaremos fazendo nada além de prestar um relevante serviço à comunidade*" (p. 17).

O capítulo termina mostrando a alegria dos jovens que se juntam aos outros alunos, todos voltando para a sala de aula, sob os olhares de Dona Alzira, de Manoel Inácio e da diretora que se encaminha para sua sala a fim de atender a um pai de aluno que quer tirar o filho da escola.

Uma aventura juvenil

Como em *Infância dos mortos*, os dois capítulos iniciais de *A gang do beijo* introduzem a história que segue linearmente os movimentos dos jovens da *gang* — e, depois do crime, também os da polícia em suas investigações. Poder-se-ia dizer que delimitam-se nitidamente duas partes: a primeira, dedicada à aventura do beijo na escola (capítulos 1 ao 13) e a segunda, à trama policial (capítulos 14 ao 44). O tempo decorrido entre o início e o fim da narrativa é muito curto: alguns meses, sendo três deles apenas referidos no penúltimo capítulo, pois correm entre a primeira conclusão (a de que o culpado pelo crime é o professor de geografia) e a segunda (que aponta o verdadeiro culpado — Carlinhos): *"três meses após o crime, as atividades no São Luís iam, aos poucos, se recompondo"* (p. 184).

Nesse período — e nessas páginas —, podemos observar o relacionamento das jovens personagens com colegas que não pertencem à *gang*, com professores, com pais e com policiais. Aqui, também, alguns dos motivos presentes em romances de aventura: traição, vingança, prisão, fuga, morte...

Como pano de fundo, o relacionamento com os menores/vendedores. Como em *Infância dos mortos*, as duas *infâncias* se tocam, mas não se confundem.

Vejamos esses diferentes grupos de personagens:

Os componentes da *gang* são: Beto Bassani, apelidado BB; Alex Lima, apelidado Mil Faces; Toni Ribeiro, Jane Perkins e Suzy Rainha. Pela maneira com que são apresentados, é difícil caracterizá-los individualmente. Parece que a identidade desses adolescentes brota da semelhança que têm entre si e são um grupo por isso.[46]

O narrador mantém distância ao não deixar transparecer simpatias ou dando mostras de condução do leitor para maior aproximação de uma ou de outra personagem, diferentemente do que faz em *Infância dos mortos*. Vimos que, na história de Dito e seus amigos — meninos de rua —, fatos, sensações, sentimentos entrecruzam-se, mostrando-nos um autor e seu narrador comprometidos com suas personagens. Na história dos meninos da escola, parece que os fatos são colocados para serem lidos com certo distanciamento.

Como se fosse um roteiro de peça teatral, a maioria dos capítulos começa com a localização espacial e temporal feita pelo narrador; a seguir, pessoas conversam. Na indicação das

---

46. Essa característica — adolescentes viverem em grupos uniformizados — tem sido bastante descrita em estudos da psicologia do adolescente. Os adolescentes buscam construir a própria identidade, tentando diferenciar-se dos adultos, mas acabam parecendo idênticos entre si.

falas, raramente encontramos um verbo *de dizer* (ou *de fala*). Os nomes das personagens colocados na frente de cada fala garantem a percepção da seqüência no diálogo. Vejamos o início do capítulo 3 "A lista dos beijáveis":

> Toni Ribeiro e Mil Faces mantinham-se sentados sobre a velha carteira... Chegaram cedo, a fim de iniciar o levantamento das turmas... cada vez que um grupinho de alunos apontava, Toni citava nomes — ele que conhecia todo mundo —, Mil Faces tomava nota na caderneta de capa vermelha.
>
> Toni Ribeiro: Vamos lá, camaradinha. A da ponta é Nice. Tenho secura nela. A outra, a morena, é Ana Bela. Vive espalhando que tem 16 anos e está noiva. Aposto que é tudo mentira.
>
> Mil Faces (enquanto o grupo passa): Bonitona, isso que ela é! (p. 20)

Na conversa entre os amigos percebemos não as diferenças entre os membros da *gang*, mas a diferença entre os que são da *gang* e os que não são. Os bons esportistas — "*tá com 1.75, as garotas gostam dele... craque do time de basquetebol*" (p. 20); aqueles (ou aquelas) que são bonitos e charmosos — "*aquela lourinha lá?!... que pernas!*" (p. 20); os que são ricos — "*a menorzinha... é Liza... antigamente vinha de Mercedes pro colégio... só pra esnobar*" (p. 19); aqueles outros com quem implicam por alguma razão — "*essa não... tu acha que eu vou beijar uma menina que chupa dropes de anis*" (p. 23); e aqueles que podem representar algum perigo — "*não te mete com ela... o irmão é faixa preta*" (p. 20).

Entre muitas escolhas, os meninos têm de listar "*um cara vulgar*" (p. 22), porque as garotas gostam. Como pano de fundo para os comentários sobre a vulgaridade desse colega, no corredor, observa-se um "*menino que vende balas*" e que "*esconde logo a caixinha*" (p. 22). Poderíamos dizer que há, nessa referência, uma sugestão implícita ao uso de drogas nos corredores da escola.

O narrador não assume a voz dos jovens pelo discurso indireto-livre: as personagens falam por si, quase sem mediação. Não se pode dizer que Louzeiro estaria fugindo à aproximação da linguagem juvenil (espécie de mecanismo de sedução do leitor jovem em livros juvenis, como vimos na primeira parte deste livro[47]), uma vez que prioriza o discurso direto das personagens, com os cacoetes e gírias da época em que o livro foi escrito. Todavia, toma a linguagem dos jovens de rua em *Infância dos mortos* dos quais, presumilvemente, os leitores deste livro juvenil estejam mais distantes; portanto, com mais dificuldade de julgar adequações ou inadequações. Percebe-se que, na história dos meninos de rua, a identificação do narrador com os protagonistas é propositadamente pensada como facilitadora para a aproximação do leitor (supostamente) distante.

As personagens que constituem a *gang* mostram-se como adolescentes bastante típicos, aparentando segurança, na insegurança geralmente comum aos jovens quando começam a querer mais proximidade com parceiros do sexo oposto. Lembremos Fumaça, em *Infância dos mortos*, mais avançado, pelo menos na conversa sobre mulheres. Aqui, as personagens pensam em *paqueras*, simplesmente. Nas conversas sobre meninas e nas fantasias que explicitam, não aparecem expressões fortes, ou de calão. Não se encontram também os palavrões costumeiros das falas de jovens. A expressão *"Tem bububu no bobobó"* já assusta as personagens adultas da escola. Pode-se dizer que o vocabulário é bastante *comedido*.

Suzy Rainha é a preferida dos meninos. Mil Faces gosta dela: *"— Pois eu me amarro, mesmo, é na Suzy. Só que ela não me dá bola. Tudo que digo, leva na brincadeira"* (p. 23). Mas o início de namoro ao qual são dedicados alguns trechos do livro é o da garota e BB, de quem partiu a idéia do beijo forçado. Portanto, como há namoro, há também beijos espontâneos:

> BB entrou pela casa... O rosto de Suzy ilumina-se... Beija-o. Por um instante trocam um olhar de ternura.
>
> — Te amo!
>
> — Eu também!
>
> Iam se beijar, a frigideira com ovos para omelete começou a chiar, forte cheiro de queimado no ar. Suzy corre, tira a frigideira do fogo. (p. 116)

---

47. Ver PERROTTI, Edmir. *O texto sedutor na literatura infantil*. O autor analisa novas formas do utilitarismo na literatura infantil. São Paulo, Ícone, 1986, p. 15.

O amor é apenas sugerido, assim como acontece nos livros tradicionais de aventura. Aqui, porém, não é cortado pela impossibilidade concreta de continuidade, como o namoro de Dito e Beth em *Infância dos mortos*. Não se toca mais nessa relação, nem se sabe como reagiria Mil Faces quanto à preferência da menina pelo amigo. O amor tem pouco espaço na narrativa (e, supõe-se, muito tempo, no futuro). Os jovens estão apenas descobrindo o amor. Têm a vida pela frente.

É na interação de grupos de personagens que poderemos apreender (pelo que programam fazer, com o relato do que fizeram, ou de como reagem ao que fizeram a eles) — alguma coisa que os diferencia — pelo menos nas possibilidades de enfrentar os problemas que aparecem e que criam.

A gang *x colegas e os outros jovens*

Se um dos objetivos da formação da *gang* é beijar as pessoas porque *"é do que estamos precisando; das pessoas se beijarem antes que o beijo acabe"* (p. 16), os garotos não levam em conta que do beijo amoroso participam duas pessoas. Já na proposta existe a suposição de que o escolhido possa não gostar. Portanto, a hipótese é de que é melhor atacar de surpresa: *"— Não tem esse negócio de não querer. Se estiver na alça de mira, será beijado, por bem ou por mal"* (p. 14). Eles criam um acontecimento diferente para experimentarem emoções fortes. As emoções são provocadas e a surpresa nessa *aventura* é reservada para os que são atacados, e não para os protagonistas.

A primeira garota a ser beijada — Marina Costa — não está na lista. Sentindo-se impedida de prestar atenção na aula, *"muda de carteira, dando uma olhada raivosa em BB e seus companheiros"* (p. 26) e se queixa à professora. Os garotos decidem, então, que *"ela vai abrir a lista"* (p. 28). De alguma forma, um critério surge para a escolha: devem ser beijados os que não gostam muito deles.

Transcrevo o trecho do primeiro ataque para que se perceba a violência dos agressores — no caso, os protagonistas — e a impotência da vítima (um antagonista?):

> A menina de sardas ergue-se reunindo livros e cadernos. Tony Ribeiro e Jane chegam perto. Suzy, BB e Mil Faces cercam pelo outro lado.
>
> — O que estão querendo?
>
> Jane Perkins: Ele vai dizer.
>
> BB movimenta-se. Toni Ribeiro e Suzy prendem a garota pelos braços, mão forte segura-a nos cabelos.
>
> Marina dá um grito, logo anulado com a aproximação da boca de BB. A garota esforça-se. BB aperta-a, o beijo é mais demorado do que devia.
>
> Suzy e Jane entreolham-se, fazem risinhos amarelos. Mil Faces e Toni tratam de escapar. BB solta Marina, que tenta reagir, não consegue. Senta em uma carteira, põe-se a chorar.
>
> Companheiros de Marina vão aparecendo, ela não pode explicar direito o que aconteceu. Marina chora alto, BB e sua turma seguem pelo corredor barulhento, rindo e fazendo gestos debochados.
>
> Mil Faces retira a caderneta do bolso, escreve mais um nome: Marina. Só pelo prazer de, no mesmo instante, dar baixa. (p. 29)

A narrativa resulta tensa, apesar do ar de "*deboche*" dos protagonistas. Que protagonistas são esses? A frieza do narrador na construção dessas personagens jovens seria intencional? Em que sentido?

Valeria uma comparação com os *Três Mosqueteiros* de Dumas. D'Artagnant e seus três companheiros são também muito inconseqüentes em suas aventuras. Muitas delas resultam em morte de adversários e os heróis levam essas lutas como brincadeiras costumeiras, vangloriando-se de suas vitórias. Em suma, são fanfarrões e divertidos em suas peripécias, próprias daqueles tempos de romances folhetinescos de capa e espada, que visavam também a distração dos leitores e eram dosados para serem lidos de tempos em tempos. Assim também os mocinhos de faroeste de tantos filmes que nos divertiam há alguns anos: quantos índios mortos... E atualmente os *thrillers* policiais: os *mocinhos* saem-se sempre muito bem depois de muito derramamento de sangue. Acabado o filme, sentimo-nos aliviados e não pensamos muito sobre o comportamento ético das personagens. São filmes de entretenimento e têm de ser vistos dentro de seu gênero e dentro das séries de que fazem parte **(XII)**.

Seria ingenuidade analisar *A gang do beijo*, sem considerar a sua catalogação como livro juvenil. Antecipadamente, espera-se que proporcione momentos de distração. Mesmo assim, se confrontarmos esse livro juvenil com o não juvenil de Louzeiro, não podemos deixar de comparar o riso e os *gestos debochados* de BB com o *riso cínico* dos funcionários do cemitério que esconderam o corpo de Pichote; as brincadeiras dos meninos da *gang*, com as *brincadeiras* dos guardas nas prisões por onde passou Dito. A tranqüilidade dos agressores (no caso, dos protagonistas de *A gang*), ante as condições de defesa da vítima, é surpreendente. Temos quatro contra um, ou melhor, *"um por todos"*, contra um: uma menina indefesa e pega de surpresa.

O fato de seguirmos mais de perto os movimentos dos rapazes e moças da turma do beijo, num livro juvenil, não nos impede de (guardadas as devidas proporções) relacionarmos a impotência de Marina com a docilidade do *"rapaz alourado"* (personagem/prisioneiro que vimos em *Infância dos mortos*), e correlacionarmos as atitudes frias dos elementos da *gang* com a dos demais prisioneiros que se ajudam mutuamente no ataque ao companheiro de cela de Dito. Em *A gang*, aquele beijo, diz o narrador, foi apenas para *"dar baixa"*.

O narrador faz-se um documentador tão distante como Mil Faces, mas nos coloca diante da frieza de seus protagonistas.

Assim, da mesma forma, poderíamos contrapor a esse trecho de *A gang*, o do ataque dos meninos de *Infância dos mortos* na operação Suadouro; e a frieza das personagens, à frieza da personagem menino de rua, Castigo de Mãe. Nenhum sentimento dos protagonistas pela vítima. Entretanto, lá (em *Infância dos mortos*), o objetivo do ataque é conseguir dinheiro para sobrevivência. Aqui (em *A gang*), apenas a emoção de conseguir fazer aquilo que é proposto como desafio: uma *brincadeira* para preencher o tempo. Também, como o livro, um entretenimento, uma brincadeira, simplesmente. Não se fala em violência; ao contrário, fala-se em amor.

Se fortuita ou não a correlação com as personagens menores de rua do outro livro de Louzeiro não catalogado como juvenil, interessa observar que os dois capítulos que trazem os ataques seguintes de *A gang* iniciam-se com a presença dessas personagens/pano de fundo. Vejamos o início de um deles:

> Na manhã seguinte em que a gang havia inaugurado seus trabalhos, os corredores do São Luís estavam conturbados. Um aluno da 6a. série criou problema com Bariloche, tentou tomar-lhe o aparelho de café, o vendedor foi obrigado a reagir. Segurou-o pelo blusão, atirou-o de encontro à parede. Outros estudantes que estavam por perto ficaram a favor de Bariloche, a confusão se desfez, dona Alzira passou, pedindo silêncio. Por entre os grupos despontavam garotinhos que vendiam doces e balas. (p. 30)

Aparentemente sem função, a descrição de um outro ataque: um rapaz da escola tenta roubar o vendedor. Todos os jovens ficam do lado do jovem não-estudante e o narrador justifica: *"Bariloche foi obrigado a reagir"*.

Resolvida essa briga secundária, podemos, então, acompanhar a briga das personagens principais. Se o capítulo anterior pode nos levar a um certo incômodo quanto à gratuidade da violência dos elementos da *gang*, este, intitulado — "A ruiva até que gosta" — parece ser uma desculpa para os atos dos protagonistas. Um rapaz *"de porte atlético"* (p. 31) está revoltado. Os *"estudantes menores e mais fracos tratam de afastar-se"* (p. 31). Mil Faces aproxima-se de uma ruiva *"rosto bonito, olhos misteriosos"* (p. 31) e a beija": o *"beijo é prolongado"* (p. 31). O rapaz revoltado *"mete a mão no bolso do casaco de couro, tira o soco inglês com certa postura de ator canastrão"* (p. 31).

De alguma forma, o narrador não descreve favoravelmente esse possível antagonista de Mil Faces: é um *"canastrão"* e *"tira o soco inglês"*.

Talvez aí uma justificativa para as ações seguintes da *gang*:

> BB mexe-se rápido, o canivete estala, a lâmina brilha:
>
> — Paradinho aí, se não quiser se machucar...Mil Faces e Toni Ribeiro cercam de um lado, BB arregaça as mangas. Garotão quer escapar, não consegue. BB castiga-o no estômago, Suzy aproxi-

> ma-se dele, toca-lhe o rosto, beija-o... Ao redor, risos e gritos de alegria. Mil Faces tira a caderneta do bolso, faz anotações. (p. 34)

O *"garotão"* promete reunir sua turma e se vingar. A turma revida: *"Que é, amizade? Tá tudo empate. Beijaram a Marina, você acaba de ser beijado...risos"* (p. 32).

O outro capítulo de ataque — "Picolé de manga" — começa com as personagens da *gang* ao redor de um garoto não-estudante:

> Os membros da gang rodeavam o menino negro, braços compridos e finos, pés descalços, que vendia picolé na caixa de isopor, alça de lona a tiracolo... Quando Suzy dava a primeira mordida no seu picolé, eis que Carlinhos...mete-se pelo grupo, a fim de ficar bem perto do vendedor. (p. 39)
>
> — Quero um picolé de manga.
>
> Menino vendedor procurando o picolé, Carlinhos olhando dentro da caixa de isopor. Suzy e Jane fisgadas nele.
>
> BB prende Carlinhos numa chave de braço. A princípio a coisa se desenvolve como se fosse apenas brincadeira, o próprio Carlinhos não se dando conta de que a torção tinha outro objetivo. O garoto dos picolés tratou de afastar-se, Carlinhos reclamando, Toni Ribeiro ajudando BB, Mil Faces pronto para o que desse e viesse. Tal era a dor que Carlinhos sentia que foi se dobrando, até ficar com um dos joelhos no chão, enquanto gemia e pedia que o soltassem. (p. 40)

O *garoto-vendedor* se afasta para dar espaço para a luta entre os *que compram*, na escola. Como no outro ataque, é violentamente e sem aviso que os garotos seguram a *vítima* para ser beijada. Não se importam com os gemidos do colega, que se dobra, como *"o rapaz alourado"* de *Infância dos mortos*, tantas vezes referido neste trabalho. Os garotos — *"riso debochado"* — (novamente) não o soltam, enquanto as duas meninas, sob os olhares dos colegas no corredor, não completam a tarefa, ou seja, beijá-lo.

Os jovens *do mundo de cima* estão próximos aos *do mundo de baixo*, mas não se misturam, como em *Infância dos mortos*:

> BB fez sinal, Jane ...agachou-se diante de Carlinhos que a olhava assustado, não entendendo o que acontecia.

> Os olhos de Carlinhos eram verdes e, agora, estavam tomados de pavor. Perto do rosto dele, via-se o de Mil Faces, ...riso debochado. BB e Toni mantinham-se na maior calma.
>
> — O que querem? Que maluquice é essa?!...
>
> BB torceu ainda mais o braço que segurava, Carlinhos fez uma careta.
>
> Jane aproxima o rosto, beija Carlinhos. A primeira vez, apenas um toque de lábios, mas logo em seguida, cola com força, aperta a cabeça do rapaz entre as mãos...
>
> BB sacode a cabeça para Suzy, a garota ajoelha-se. Não parece tão apaixonada quanto Jane. Aproxima-se o rosto, até seu nariz tocar no de Carlinhos. Beija-o com fúria...Toni Ribeiro põe-se a assoviar e alguns outros estudantes que vão se juntando por perto começam a rir e debochar do que vêem...
>
> ... Suzy ergue-se, olhando sempre para Carlinhos, que se mostra furioso. BB mete a mão no bolso, puxa o canivete. Carlinhos é solto. Junta livros e cadernos.
>
> — Vocês vão me pagar. Juro que vão! (p. 42)

O capítulo termina com a bedel desfazendo o tumulto: *"manda os alunos para suas turmas"*.

Que heróis são esses que abatem um colega e o humilham diante dos outros? Por que o canivete? A ameaça de vingança é séria. Carlinhos vai aos poucos constituindo-se como antagonista. Há algo estranho nas figuras desses meninos da *Gang*, se pensarmos nas figuras modelares de heróis/jovens que estamos acostumados a ver em livros considerados juvenis. Entretanto, quem dá aulas em primeiro grau deve estar acostumado a ver *cenas* como essas. São brincadeiras de turmas. Os *espertos* costumam *fazer-se valer* dos mais tímidos que, mesmo sofrendo, não reclamam porque seria demonstração de fraqueza maior.

Temos um exemplo desse comportamento na brincadeira-*corredor*, sempre em moda nas escolas: um garoto passa apertado por entre duas filas de colegas; todos têm oportunidade de bater muito forte em um colega, que não deve chorar. Mais atual, mas semelhante, é o famoso *quibe*: agarra-se de surpresa um colega para massacrá-lo de tapas como se faz com a carne para o quibe. Sair-se bem de um *quibe* é fundamental. Quando os adultos aproximam-se, geralmente todos negam a violência do fato (mesmo a vítima): *"é brincadeira"*. (Louzeiro parece ter andado muito pelos corredores dos colégios...). Vale lembrar, aqui, os trotes violentos dos calouros nas universidades.

Os jovens leitores escolares talvez se identifiquem com os protagonistas de *A gang*, acostumados que devem estar a essas brincadeiras. A adequação do comportamento dessas personagens *"confinadas em escolas"* talvez possa encontrar um referencial de medida nos limites das paredes dos prédios que as separam do mundo de fora.[48] O que chama a atenção é que esses novos jogos-escolares têm muito em comum com as *brincadeiras* dos prisioneiros vistos em *Infância dos mortos*, também separados do mundo de fora.

Alunos e professores

É no capítulo — "Aulinha paralela" — (p. 25-27), anterior ao crime, que a narrativa deixa os aspectos que poderíamos chamar de exteriores da escola (prédio, corredores, salas de reunião, recreios), e encaminha o leitor para a vida na sala de aula. A percepção inicial da interação professor/aluno se faz pela fala do narrador que nos conduz, primeiramente, para uma aula de matemática.

---

48. Ver PERROTTI, Edmir. *Confinamento cultural, infância e leitura*. São Paulo, Summus, 1990. Partindo da constatação de que as crianças sofrem, com a ascensão da burguesia, concomitante à crescente urbanização, um ininterrupto processo de confinamento cultural, reflexo, por sua vez, do processo de privatização da vida social, o autor propõe que se repense a leitura e seu ensino. *"Nesse contexto de... redução constante do espaço público e de sua transformação em espaço social privado, governado por proprietários 'que não buscam senão aumentar as próprias fortunas', ocorrerão mudanças fundamentais nas formas de conceber e organizar a infância..."* (p. 87). *"O confinamento traz ... conseqüências ao cotidiano da infância... A privatização significou... não apenas o rompimento crescente de vínculos da infância com a geografia da cidade, mas também o afrouxamento de vínculos que possibilitavam a experiência direta da diversidade da 'polis'... Confinada tanto na intimidade da família, nos espaços domésticos, quanto nos espaços especializados, ... a infância ... vê reduzidas suas possibilidades de relacionamento com a diferença, a multiplicidade, o 'outro' ... Aumenta sua exposição ao idêntico"* (p. 90). O trabalho de Edmir foi fundamental para a minha decisão de contrastar os dois livros de Louzeiro. Mais à frente, volto à idéia de confinamento, ao falar de escritores e livros, de certa forma, confinados.

A professora Berenice Furtado mantinha-se de pé ao lado de sua mesa, explicando o desenvolvimento de um problema de Matemática...

A classe parecia quieta. A única perturbação corria por conta de dois alunos que jogavam bolinhas de papel um no outro.

Nos fundos da sala, carteiras bem juntinhas, estavam BB, Jane, Suzy, Toni e Mil Faces analisando os candidatos anotados. Toni Ribeiro tecia considerações sobre os nomes, falava baixinho, em segredo. (p. 25)

Na frente, falando para uma classe aparentemente quieta, a professora explica o desenvolvimento de um problema. No fundo, os participantes da *gang* mostram que o interesse pela aula é nulo. Quem trabalha em escola sabe que *fundão* é a palavra usada para designar, hoje em dia, o espaço situado nos "*fundos da sala*", geralmente ocupado por aqueles que querem distância dos professores e daquilo que ensinam. Sabe, também, que o *jogo de bolinhas* de papel durante a aula faz parte do folclore estudantil desde muito tempo. É um desafio conseguir escapar do controle do professor. Fundão e bolinhas sinalizam interesses ou participação fora daqueles que se espera que os professores estimulem. Jogos de bolinhas e conversas no fundão — *a aula paralela* — são elementos que, aqui, levam a uma rápida caracterização de alunos e professor: bolinhas traduzem uma bagunça mais infantil; *fundão*, bagunça mais séria, pois é o espaço escolhido pelos chamados *tchans*, ou seja, alunos inteligentes, mas não *CDFs*, expressão que substitui — estudiosos. Entre os jovens, é comum não serem valorizados aqueles que se *matam de estudar*. Se estudam muito, têm de esconder essa falha, para fazer parte da turma quente. *CDF* tem conotação negativa. A *gang* não joga bolinhas e faz parte da turma do *fundão* que, nessa aula, analisa a lista dos candidatos a serem beijados.

Como nos demais capítulos, é a conversa entre as personagens que movimenta a narrativa. Apenas algumas interferências do narrador apontando, por sua vez, a interferência da professora: "*Professora Berenice Furtado bate forte na mesa: — Querem fazer o favor de prestar atenção?!*" (p. 26) e a da aluna — Marina Costa — que, como vimos, se irrita com os colegas.

Como se a interferência fosse delas (da professora e da colega) e a aula que realmente tivesse valor fosse *a paralela* (o plano que foi interrompido), os jovens da *gang* decidem que a primeira a ser beijada deve ser a garota.

Podemos dizer que a professora de matemática e os elementos da *gang* mantêm um acordo tácito: conversas são aceitas desde que não atrapalhem muito a aula principal. Na figura de Marina vê-se um tipo diferente de escolar; talvez um exemplo de *CDF* que não conta com a simpatia dos colegas da *gang*.

Os rapazes querem colocar outra professora, a "*doce Beatriz que fala tanto de guerra*" (p. 36) na lista dos beijáveis, não pelo que ela ensina. Sua aula "*nem sempre conseguia atrair a atenção dos alunos. Ela estava em uma fase em que dissertava sobre as longas guerras que haviam devastado a Europa*" (p. 35). Mas agora, embora "*no fundo da classe*", os meninos da *gang* descobrem interesses que os fazem silenciar e dar-lhe atenção sem que ela precise pedir, como pediu a professora de matemática:

> Os componentes da *gang* silenciam, fixam-se na professora: uns 30 anos, pernas bem-feitas, seios avolumados sob blusa fina, rosto de discreta beleza, cabelos alourados.
>
> — Eu acho legal, mas temos muitos nomes anotados. De que adiantou anotar?
>
> Suzy Rainha: Isso é verdade. Escolhi alguns caras, não abro mão deles.
>
> — Hum!...Como elas tão reivindicando!...
>
> — BB: Tudo bem. Vamos seguir a lista até o final da semana. Depois tomamos novos rumos. (p. 37)

As posições masculinas e femininas estão bem marcadas. Embora avançadas, as meninas parecem querer desviar os meninos do interesse especial por aquela professora de "*30 anos*". O que eles vêem (e pensam) não é verbalizado na conversa. Seguimos a descrição do narrador que indica o caminho feito *pelos* olhos dos garotos. Em *Infância dos mortos,* os meninos comentam com mais naturalidade os dotes femininos das mulheres, num linguajar bastante masculino. Em livros juvenis, raramente questões sexuais são tratadas com palavras vulgares, como vimos. Nesse trecho, pelo menos, sugere-se que há algo sob a roupa da bela professora.

Assim como a outra, a aula acontece sem que os alunos dela participem. A aula paralela tem seqüência.

É nos capítulos dedicados à aula de Português e de Moral e Cívica que podemos observar mais de perto o confronto entre os componentes da *gang* e seus professores. Há uma espécie de tentativa de união entre os dois tipos de interesse (dos jovens e dos professores), embora essas duas aulas assemelhem-se a disputas pelo domínio da situação por meio de uma espécie de jogo verbal. Professores e *gang* parecem estar em campos rivais, numa batalha.

A professora de português não possui os dotes físicos de Beatriz. Olivinha Vasconcelos, "*meticulosa e calma*", tem "*aproximadamente 50 anos*" (p. 43). Começa sua aula sem a turma do fundo. Quando aparecem, atrasados, ela está explicando os métodos que devem ser utilizados para que se obtenha uma boa composição. Transcrevo uma cena dessa aula para que se possa ver a batalha travada entre alunos e professora:

> ... Há ruídos de cadeiras e falas indistintas, risinhos de Jane e Susy. Antes de sentar, como de hábito, BB dirige-se à professora. Pede desculpas.
>
> Um tanto chateada com a interrupção e a ironia de BB, dona Olivinha resolve castigá-lo.
>
> — O que vem a ser um ficcionista, Sr. Bassani?
>
> BB fica sério de repente, olha para os lados, como pedindo socorro.
>
> — Falamos bastante disso na aula passada — recorda a professora. — Diga ao Sr. Bassani o que é um ficcionista, Suzy.
>
> A menina mantém-se aérea, como se procurasse no fundo da memória a resposta que não lhe ocorria.
>
> De uma forma um tanto cruel, dona Olivinha passa a pergunta adiante. Mas não sai dos componentes do grupinho de BB; dos que haviam chegado com atraso... (p. 43)

Uma conversa tensa: o menino pede desculpas pró-forma; a professora pergunta com a certeza de que o aluno terá dificuldade de responder. Se o aluno a chateia com ironia, o castigo é irônico. Com a conversa feita de inter-ditos, a professora retoma parcialmente o controle da aula. Poderíamos dizer que ganha uma batalha. Parece vingar-se de fatos ocorridos em outra batalha, ou seja, outra aula. A mensagem parece ser: "eu sei da aula paralela, mas vou acabar com ela de forma inteligente". Na fala do narrador, é *"de uma forma um tanto cruel"* que retoma o seu poder sobre a *gang*. Percebe-se uma ambigüidade nessa fala (haveria uma espécie de crítica à professora; ou aos alunos?). O encaminhamento da seqüência nos mostra um narrador muito próximo das razões da professora, evidenciando fraquezas em seus protagonistas:

> Jane ergue-se, risinho de cocota despachada, a classe inteira voltada para ela.
>
> — Ficcionista é o cara que escreve estórias; coisas imaginadas.
>
> — Muito bem, Jane. Só que não é um cara e, sim, um escritor.
>
> Jane lança um olhar vitorioso sobre a classe, senta.
>
> Olivinha Vasconcelos: Sr. Alex Lima, dê-nos um tema bom para um trabalho de ficção.
>
> Mil Faces faz leve sorriso, logo fica sério. Sabe que dona Olivinha não tolera brincadeiras e já tem muitas notas baixas com ela, a fim de poder arriscar-se.
>
> Mil Faces não consegue ter nenhuma idéia a respeito. Sente estar absolutamente bloqueado, sacode a cabeça, dando-se por vencido. (p. 44)

Não é o interesse pela aula que faz Mil Faces querer entregar-se. É o medo das notas. Em aula, não tem idéias; só fora dela.

É de Marina, que aproveita o momento de fraqueza do colega, a maliciosa sugestão para o tema ficcional: *"'O beijo roubado', professora ...Beto Bassani sabe como desenvolver"* (p. 44). A professora não entende a risada da classe: *"Por que estariam rindo, de uma sugestão que não tinha nada de engraçado?"* (p. 45). Nos não-ditos, as dificuldades de relacionamento entre alunos e professores. Não diria que a *gang* sai perdedora nessa batalha. Apenas que D. Olivinha não é uma perdedora. De alguma forma, há uma aula; alunos e professores interagem, embora em campos separados. No final da aula, e do capítulo, um chamado para o comparecimento da turma na diretoria.

O narrador não deixa de mostrar o fechamento do grupo com relação aos demais colegas. Mantém, todos (alunos e professora), a atitude de deboche:

> Em meio à concentração da turma, aparece Manoel Inácio. Diz alguma coisa em voz baixa à professora...
>
> — Sr. Bassani, após a composição, procure a diretora. O mesmo convite vale para Suzy, Jane, Alex e Toni. (p. 47)

Em certos aspectos, o comportamento da *gang* em sala de aula lembra o comportamento dos protagonistas irreverentes e arteiros de Mark Twain, nos livros *As aventuras de Tom Sawyer* e *As aventuras de Huckeleberry Finn*. A escola para Tom Sawyer e Huck é muito chata. As aventuras eram esperadas fora dela. Para os protagonistas de *A gang do beijo*, a sala de aula é chata. É na escola, porém, que as coisas acontecem.

Assim, depois de alguns capítulos em que vemos as personagens em ação nos corredores, a turma relaxa na aula de Moral e Cívica. Paradoxalmente, o título do capítulo é: "Convulsão Social". Os diálogos entre professor e alunos mostram-se novamente como oportunidade para que se desenhe a vida escolar. A turma tem à frente um outro tipo de professor: aquele que poderíamos chamar de crítico-*conformado*:

> Embora tivesse enfezada cara de nordestino, Heremildo Falcão mantinha boa relação com a turma. Dava sua aula, sempre com base no livro adotado pela escola, não entrava nas discussões que sua matéria geralmente suscitava... Os alunos que quisessem prestar atenção ao que ele dizia, tudo bem; os que decidiam brincar, que brincassem. (p. 66)

Na fala do narrador, o professor "*mantinha boa relação com a turma*": sua aula é dada "*sempre com base no livro adotado pela escola...*" Para os leitores-professores, principalmente para aqueles que participam das discussões sobre ensino fundamental, esse professor poderá não corresponder a um modelo *avançado* de bom professor. Sabemos que críticas vêm sendo feitas àqueles que se mantêm restritos a ensinar apenas por meio de livro didático. Entretanto, enquanto fala sobre "*a boa índole do brasileiro e sua tendência de povo ordeiro*" (p. 65) reage com ironia à tendência e à desordem que os rapazes da *gang* começam a mostrar, *mostrando*, por seu lado, que a boa relação mantida com os alunos é apenas uma fachada, e que sua compreensão dos fenômenos sociais ultrapassa as informações restritas ao livro didático:

> Toni redige algumas linhas, joga a caneta para Mil Faces que pega-a como bom goleiro...Logo depois é Toni quem se esmera no lance de segurar. Só uns poucos alunos que acompanham aquilo acham graça. Os outros fazem pergunta ao professor. BB ergue-se, decide ironizar.
>
> BB: É isso aí, *fessor*... Eu sou um cara ordeiro!
>
> Heremildo: Sr. Bassani, quando costumamos dizer que um povo está em convulsão?
>
> BB: Quando o pessoal, não agüentando mais a barra, resolve vomitar!
>
> As risadas são tantas e tão variadas, que BB permanece um instante encarando Heremildo Falcão, o qual não acha nada engraçado.
>
> Heremildo: O senhor confundiu social e medicinal. Quando um povo chega à convulsão social, Sr. Bassani, geralmente não tem muito o que vomitar. (p. 66)

"Não ter o que vomitar" pode ser uma referência àqueles que não têm o que comer e não estão na escola; pode significar a acusação indireta do educador (que ganha pouco) aos alunos de quem recebe o seu salário; pode significar a sua impotência diante da situação... Portanto, um retrato da escola literalmente convulsionada do primeiro capítulo.

Conformam-se alunos e professores e a aula continua. BB joga lápis para o alto e olha as pernas de uma colega, e o professor continua a expor a matéria, com uma discussão sobre heróis, no Brasil: " *...Eu sei de um herói do Maranhão, 'fessor' — afirma o garoto magrinho, um jeito de peralta... João do Vale. É artista negro. O pai diz que negro que vence neste país é um herói"* (p. 67). A essa resposta, o professor emenda: *"Minha pergunta refere-se ao herói das causas populares"*.

O capítulo e a aula terminam com Heremildo fazendo a chamada: *"De modo geral, põe presença em todo mundo, exceto naqueles que, embora ainda constem dos boletins, já se transferiram do São Luís"* (p. 68).

O retrato da relação professor/aluno apresentado por Louzeiro nessas cenas — as aulas —, aparentemente sem função na seqüência narrativa, adquire uma ambigüidade que me parece de fundamental importância, quando relacionado com o pano de fundo em *Infância dos mortos*. Não podemos deixar de perceber uma ironia amarga nas páginas aparentemente leves de *A gang*, catalogado como literatura juvenil. Parece que entramos na escola que Pichote e Fumaça não entram e conhecemos os garotos e as garotas de *farda escolar* para quem fazem graça. Conhecemos o colégio em que os meninos-não-escolares entram *pelos fundos*. Esses meninos, como foi anunciado no primeiro capítulo, assustam a direção: "*Onde já se viu uma coisa dessas*?"

Os funcionários da escola

Meninos vendedores e meninos da *gang* representam desestabilização: "*Nome de guerra, siglas, gangs. Deus do céu!*" (p. 51). A zeladora Alice não vence limpar a sujeira que fazem os "*insolentes portadores de* Spray" (p. 11); a bedel Alzira, sempre os empurrando para dentro da sala: "— *Vamos pessoal, já tocou a campainha*" (p. 24); a coordenadora Naíde Maria, insistindo na inadequação dos garotos, como já se viu, principalmente em relação a Mil Faces; o ajudante de secretaria, Manoel Inácio — sempre pronto a encaminhá-los à diretoria.

A diretora, quando sente escorregarem de suas mãos os princípios que norteiam sua escola, percebe-se enfraquecida. Ao mesmo tempo que preconiza disciplina rígida, teme perder alunos. Deixa-se, então, conduzir pelo vice-diretor, mais prático na tomada de decisões. Interessante a cena em que a vemos em seu relacionamento com seus pares:

> O gabinete da diretora Ana Alexandrino ainda se mantém luxuoso, confortável. As cortinas de veludo caem do alto das janelas até o chão, coberto por um tapete castanho.
>
> Ana Alexandrino está ao telefone. A bedel Alzira acaba de entrar. Traz um copo pelo meio de água, em pequena bandeja de prata. Do lado do copo, alguns comprimidos para dor de cabeça ... faz uma ligação, mantém o fone no ouvido, do

> outro lado da linha o telefone chama algumas vezes inutilmente. Ela torna a ligar. O homem que atende parece ainda estar sonolento.
>
> — Professor Geraldino, é Ana Alexandrino. Inadmissível ainda encontrá-lo em casa a esta hora! ... Venha urgente para cá. Estou na escola desde as sete. São dez horas e há um problema grave a ser resolvido. (p. 49)

A descrição da sala *"com cortinas de veludo"* e o copo de água trazido em *"pequena bandeja de prata"* lembram-nos detalhes da descrição da casa das "carolas" em *Infância dos mortos*. Também nostálgica de uma outra moral é a fala de Ana Alexandrino com BB, quando chamado após a queixa de Carlinhos, queixa essa que fez a *velha senhora* chamar Geraldino. No lugar de imagens religiosas, outros símbolos:

> BB cumprimenta educadamente a diretora, ela responde esforçando-se para manter a calma.
>
> Os rapazes, as duas moças acomodaram-se de um lado do gabinete, por baixo dos velhos retratos. Junto de Jane e de Mil Faces, estão as bandeiras do Brasil, do Rio de Janeiro e do colégio.
>
> Ana Alexandrino: Quer dizer que o senhor resolveu transformar a escola em total bagunça. Além das péssimas notas em quase todas as matérias, decidiu ser um estudante delinqüente. Mas fique o senhor sabendo: por aqui, por este colégio, passaram pessoas que hoje constituem o orgulho desta cidade e deste país... (p. 52)
>
> O ambiente é tenso, a diretora Ana Alexandrino continua andando de um lado para o outro, rosto sombrio, amargurado. (p. 55)

"Por baixo dos velhos retratos" e das *"bandeiras"*, a diretora não sabe mais agir. Seu companheiro — Geraldino —, embora pego em falta, é a autoridade ambígua que a ajuda: ameaça *"o estudante delinqüente"*, mas *"põe a mão"* no seu ombro.

> Geraldino: O que houve?...
>
> Ana Alexandrino: Se o senhor tivesse chegado às oito, provavelmente este seria um aborrecimento a menos para a escola!
>
> Geraldino: Por que a reunião, envolvendo alunos tão estudiosos?

Mil Faces: Tamos sendo injustamente acusados de roubo... (p. 55)

— Vamos conseguir com que Carlinhos diga a verdade!

O vice-diretor aproxima-se da porta, põe a mão no ombro de BB. O estudante encara-o, agressivo. (p. 56)

Ao comentar o desapontamento do vice-diretor por não ter podido enquadrá-los dessa vez, começam a planejar o ataque à sua namorada, a bibliotecária. Seria uma maneira de desmoralizá-lo. Não é, então, à toa que se torna o principal suspeito para os protagonistas. Da mesma forma, para os funcionários da escola, os principais suspeitos são os garotos da *gang*.

A partir daí, a narrativa toma novos rumos: ao chegarem à sala da biblioteca, mascarados, pensam que Neide está adormecida. BB, ao beijá-la, vê um punhal cravado no peito da moça e percebe que ela está morta. A surpresa os faz sair da brincadeira: um crime de fato acontece no espaço da escola onde a *gang* que formaram começara, apenas por distração, a agir.

O crime e o policial na escola

Há um crime na biblioteca do Colégio São Luís: temos o corpo, temos suspeitos, temos a investigação. Podemos dizer, então, que a *A gang do beijo* insere-se na tradição dos *romances policiais*. A brincadeira de *gang* deixa de ser brincadeira. A introdução do capítulo "O Local do Crime" parece ritualizar essa passagem:

> ... a Biblioteca foi isolada... Ninguém podia entrar... Curiosos apinhavam-se no corredor: professores, alunos, funcionários da administração, vendedores de balas. Uma viatura estacionou frente ao S. Luís, os policiais saltaram. (p. 76)

Tudo é preparado para que se tornem públicos os acontecimentos daquele colégio particular. Novas personagens vão entrar na escola sob os olhares de seus freqüentadores habituais, entre eles os "*vendedores de balas, agora sem qualquer temor do assistente de secretaria*".

Mais do que em outros capítulos, a narrativa toma a forma de texto dramático e suas rubricas. Na seqüência, os diálogos são circunstancializados por poucos informes. Presente e passado imediato são quase simultâneos, como em *Infância dos mortos*, o que permite a visualização rápida e, ao mesmo tempo, movimentada, das operações da rotina policial após a descoberta do corpo, no caso, na biblioteca, como num romance de Agatha Christie:

> O delegado vestia terno azul-claro, fazia-se acompanhar de um auxiliar, forte e calvo — detetive-inspetor Marino — e um PM. De outro carro que parou um pouco adiante, perto do buraco que o trator abria no asfalto, saíram dois peritos e um fotógrafo. A barulheira das máquinas movimentando-se no canteiro de obras do Metrô, àquela hora, era intensa.
>
> Os policiais entraram no colégio.
>
> ... Manoel Inácio desprende a corda, o PM ajuda, assume o posto. O número de curiosos aumenta, rostos ansiosos... (p. 77)

Detalhes de descrição lembram aqueles tão presentes em livros policiais: cores de roupa, especificações de características físicas. O tom da narrativa, até agora um tanto *debochado*, como os garotos da turma escolar, cede lugar a falas formais, não só do narrador.

Após a vistoria dos peritos e feitas as perguntas de rotina, conclui-se que os principais suspeitos: "*são os garotos que começaram aquela brincadeira de beijar os outros*" (p. 82), pois foram os últimos a serem vistos perto da biblioteca.

> Homens vestidos de branco acabam de entrar. Colocam a maca no chão, pegam Neide pelos braços. O mais forte, barbudo, estende o lençol sobre ela. Perito gordo recolhe o livro que estava sob o braço da bibliotecária...
>
> Delegado, peritos e fotógrafos retiram-se. Na saída, o titular da Homicídios diz ao vice-diretor que a biblioteca continuará interditada.
>
> — Espero o senhor na Delegacia. Este caso vai agitar a imprensa.
>
> Policiais passam pelos curiosos. Deixam o colégio. As sirenes das viaturas tornam o ambiente mais nervoso... (p. 81)

A investigação tem início e o cenário da ação amplia-se: ora o local em que se acham os garotos ora a delegacia.

Os *elementos* da *gang* organizam-se mais seriamente. Como nos romances de *suspense*, ao mesmo tempo que tentam se defender, vão procurar o culpado. Têm de começar a agir logo, pois correm o risco de serem presos.

A história particular dos elementos da *gang*: as famílias

Beto Bassani, o BB, é um garoto muito rico. Quando Carlinhos o acusa de roubo à diretora: "— *Fui roubado em 50 mil. Era o dinheiro que a mãe me deu pra pagar a luz e o telefone*" (p. 50), defende-se: "*Não formamos nenhuma gang para assaltar. Meu pai me dá uma boa mesada todos os meses e quando preciso de mais dinheiro é só recorrer a ele*" (p. 53). Não tem também afazeres como Carlinhos (o menino criminoso). Seu pai (Rui Bassani), "*forte e alegre, uns 45 anos*" (p. 143), está sempre disposto a ajudá-lo com as vantagens que suas posses permitem. Tanto é assim que, além de um apoio estratégico (coloca seu motorista particular à disposição dos meninos), oferece a todos o amparo legal: "— *A situação não é fácil. Contratei dois advogados, coloquei-os de alerta*" (p. 143). Temos apenas referência à mãe do rapaz, pela informação do pai: "— *Chocada. Mas acredita no que você nos disse*" (p. 123). Seus colegas comentam a forma natural com que BB lida com essas facilidades, sem se considerar melhor que eles por isso: "— *BB sabe se virar. Cara legal tá ali. Se fosse ele tinha pulado fora desta espelunca de colégio*" (p. 23). Parecem considerar: é um bom companheiro, mesmo sendo rico.

Bom companheiro é também Toni Ribeiro, que pertence a uma família que luta com dificuldades para mantê-lo no colégio. O pai, ao saber de sua prisão, procura imediatamente o delegado. Mas é de desconfiança e crítica generalizada ao filho, o seu primeiro movimento:

> Gilberto Ribeiro: Soubemos que nosso filho está na Delegacia, desde ontem...
>
> — Verdade.
>
> Gilberto Ribeiro (um homem já de bastante idade) vira-se para a mulher, expressão de revoltado.

— Não te disse, que, mais cedo ou mais tarde, nosso filhinho terminaria numa enrascada? Era só o que me faltava. Eu me acabando de trabalhar, o moço treinando para ser bandido.

Após discurso indignado, Gilberto Ribeiro senta-se um pouco afastado da mulher...

— Toni foi mal-acostumado, delegado. A mãe sempre passou a mão na cabeça dele. Não tratou de criá-lo duramente, como eu fui criado. Sai do colégio, mete-se nos jogos eletrônicos ou fica porfiando em motocicleta que eu não sei onde arranja. (p. 120)

O diminutivo *filhinho* parece bastante conotativo. Gilberto pensa o pior de seu filho; chega a sugerir que o filho rouba. Estranhamente, o próprio delegado não demonstra uma visão tão pessimista a respeito do rapaz, como faz o delegado Mauro, de *Infância dos mortos*, com relação a Dito: "*— Calma, Sr. Gilberto. Por enquanto ninguém pode dizer que seu rapaz seja o matador da bibliotecária... Nosso problema no momento é o homicídio*" (p. 120). A mãe — uma figura estereotipada da mulher fraca — confessa o afeto pelo filho, mas sua voz chorosa não tem força:

Carmen: Toni é bom menino, delegado. Não pode ter participado de um crime.

— Acalme-se. Estou certo de que tudo acabará bem. Aceite um pouco de água. (p. 121)

Dona Carmen causa pena: recebe um copo de água para se acalmar. Dos pais de Toni Ribeiro e do seu relacionamento com o filho é tudo o que se sabe, pois aparecem apenas nessa cena. É também restrita a atuação de Toni, que permanece preso e não participa das investigações nas ruas com os outros.

Jane Perkins "*é mantida no colégio por um casal de tios, fazendeiros no Rio Grande do Sul*" (p. 85). A coordenadora (Naíde Maria), que trabalha no colégio há mais de dez anos, não tem boa impressão sobre sua educação: "*— Por mais de uma vez adverti a diretora sobre alguns deles; como coordenadora minha função é acompanhar o desenvolvimento dos alunos. E o desses moços não era nada louvável*" (p. 84). Salienta, entretanto, que a causa da agressão a Carlinhos não poderia ser roubo: as famílias são ricas. Como os pais de BB, os tios de Jane procuram acompanhar o caso. A menina se finge de doente para facilitar a fuga de Mil Faces. Ela é boa atriz, mas não sabe ter sido tudo facilitado pelo delegado que queria a fuga do menino para localizar os outros.

Nesse livro, a participação de Jane no caso policial resume-se ao que faz na sua estadia na delegacia, onde é muito bem tratada:[49] "*Na sala confortável, Jane é colocada sobre a mesa de exame. O médico é simpático, embora bastante envelhecido*" (p. 127). Sabemos algo dos seus familiares, pelas investigações do delegado que manda policiais à sua casa. Na descrição feita pelo narrador: "*uma casa antiga, pequeno jardim, janelões de vidro coloridos, garagem de porta automática*" (p. 87). Nessa rápida descrição (parte do capítulo — "Sindicância"), sabe-se que a menina vive bem; apesar de antiga, sua casa proporciona comodidades modernas. Os policiais agem adequadamente, obedecendo às ordens do delegado: "*traga todos eles para cá. Cuidado. São menores!...*" (p. 86):

> ... Tocou a campainha, apareceu a mulher jovem, pano na cabeça.
>
> O detetive identificou-se.
>
> Marino: Estamos procurando Suzy Rainha.
>
> Pataca entra pela casa, acompanhado de um dos PMs, o mais forte e de aspecto zangado, metralhadora a tiracolo.
>
> — Meu Deus, o que aconteceu?
>
> Marino: Não se preocupe. Queremos falar com Suzy Rainha e isso é o que interessa... Quem mora aqui? Onde estão os pais, os parentes?
>
> — Ela mora com a Vó. Mas a Vó saiu...
>
> Marino: Vamos fazer o seguinte, moça. Ligue pra garota. Faça isso, rápido.
>
> A empregada alarma-se. Pataca pega o livro de endereços da casa, coloca-o nas mãos da mulher.
>
> Pataca: Taí... É só discar os números todos, até topar com ela.
>
> Pataca acha graça, o detetive-inspetor mantém-se sério. (p. 90)

---

49. Jane tem uma participação mais destacada no livro que dá seqüência às aventuras de *A gang do beijo*. LOUZEIRO, José. *O bezerro de ouro*, Rio de Janeiro, Nova Fronteira, 1986.

Antes de ser explicitado que a *"mulher jovem"* é empregada, o *"pano na cabeça"* nos antecipa a informação. As descrições são rápidas. Mesmo assim, podemos perceber que os policiais (que não invadiram a casa, mas tocaram a campainha) não usam violência e são educados. Apenas a tranqüilizam, embora com determinada falta de paciência: *"não se preocupe"*. O endereço foi confirmado; Suzy tem uma moradia. Diferentemente dos pivetes, em *Infância dos mortos*, a empregada tem direito a *ter tempo* de entender o que se passa. Quando os colegas vão presos, Suzy fala com a avó ao telefone para tranqüilizá-la, pois não pode ir para casa. Emociona-se: *"esfrega as mãos nos olhos: — Vovó tá pensando as piores coisas"* (p. 105). Suzy não é uma garota abandonada.

Alex não é rico, nem pobre. Tem uma família não-tradicional, mas atualmente típica: pai e mãe separados, mantendo ambos bom relacionamento com o filho, que vive com a mãe. É, porém, o pai o grande camarada; da mãe, pouco sabemos. Apenas o necessário para percebermos que deposita confiança no filho. É para o apartamento do pai que o garoto vai quando se vê em apuros. Interessante a introdução do capítulo — "O drama dos suspeitos":

> Beto Bassani, Jane, Suzy, Toni e Mil Faces estão em uma pequena sala, com almofadas e móveis rústicos, uma estante de livros, velho aparelho de som, plantas que saem de garrafas cerradas, esteiras no chão, abajur de vime, ao redor da lâmpada baixa. Com uma perna passada no banco de desenhista, calça branca, camisa sofisticada, temos um homem de uns 40 anos, cabelos lisos e negros, rosto mais para alegre. É Amadeo Lima, pai de Alex, o Mil Faces. Desde que se desquitou mora naquele apartamento de umas poucas peças, onde, também, funciona seu estúdio de desenhista ilustrador de livros e revistas. A relação dele com o filho fora sempre muito boa. Por isso, quando se via em aperturas, Mil Faces o procurava. (p. 91)

Com uma rápida descrição do espaço onde mora esse pai (um des-casado modelar), o narrador introduz essa personagem/adulta que, a partir daí, integra-se aos jovens. Corre com eles o risco que a solução do caso exige que enfrente, ou seja, ser preso como cúmplice. É instruído e sabe seus direitos. Tanto é assim que, ao ser interpelado por Marino, o detetive, "*— O senhor é o dono do apartamento ou mentor dos garotos?*", responde: "*— Onde está o mandado judicial que lhe permite entrar no meu domicílio?*" (p. 96). Assim que é posto a par do ocorrido, apressa-se a dizer que pode abrigar os meninos e contratar um advogado. Salienta, entretanto, que não entende nada de polícia: "*— Nunca entrei numa delegacia. Quando roubaram meu carro, preferi perdê-lo a ter que me envolver com os tiras*" (p. 92).

Entretanto, se para o menino e seus companheiros Amadeo é um adulto exemplar, para os adultos — direção da escola e delegado — ele é motivo de desconfiança. A coordenadora não vê Alex como um menino bem-educado: "*— É de origem humilde e bastante insubordinado*" (p. 85). Não tem dúvidas em afirmar a sua má influência sobre os outros: "*— O comportamento do Beto piorou, a partir do momento em que se tornou 'amigo inseparável' do Alex*" (p. 85). O delegado também não esconde a sua desconfiança quanto à educação daquele menino de "*origem humilde*":

> Delegado Paula Soares:... Mas como o senhor explicava, Alex é um bom menino. Mora com a mãe. Há cinco anos, desde que se desquitaram. Mesmo assim, garante que acompanha a educação dele... Como explica que o rapaz, longe dos olhos do pai, não tenha se metido em más companhias, etc., etc.?...
>
> Amadeo Lima: Delegado, os filhos mais corretos nem sempre são os que permanecem mais tempo ao lado dos pais. O Alex e eu nos damos bem. Ele tem lá seus cacoetes, próprios da idade, mas uma coisa eu lhe afirmo: meu garoto não mente. Se estivesse envolvido nesse crime, diria" (p. 106)

Vemos uma fala bastante segura e didática, mas a personagem não confia nos *tiras*, como estes não confiam nele. Consegue, entretanto, ao aproximar-se de um deles (a personagem do legista, uma espécie de Sherlock, que será visto na seqüência), à revelia do delegado, avançar na pesquisa das pistas que, no final, levam à solução do caso e a um bom entendimento entre todos.

Os jovens da *gang* se vêem pressionados a achar o culpado por conta própria uma vez que estão sendo procurados.

Geraldino Dutra é o primeiro a ser visitado. O desafeto dos meninos por ele vem de longe. A escolha de sua namorada, Neide, sobrinha da diretora, para a lista do beijo, já é ato de *vingança*. Enquanto planejam o ataque, BB faz uma retrospectiva sobre o vice-diretor: "*Entrou na família no avanço. Começou como professor. Aí, esforçado, passou a colaborar com a diretora logo que ficou viúva*" (p. 70).[50] E as personagens/estudantes do primeiro grau conversam naturalmente sobre comportamentos nada exemplares dos educadores da escola que escolheram: "... — *No princípio a diretora imaginava que Geraldino quisesse apenas ajudar...coitada dela. Agora, como vice-diretor do São Luís, ele pinta e borda*" (p. 70). Os meninos não sabem que o vice-diretor fizera suas incursões pelo jornalismo, como informa ao delegado, logo no início das investigações: "— *Lembrei dos meus tempos de repórter de polícia no Diário da Noite*" (p. 70). Em sua fala, tentou "*ser um bom repórter*", mas acabou "*no magistério*" (p. 70). Quando entram na casa do vice-diretor, os jovens descobrem que se dedica a uma pesquisa misteriosa:

> BB acende o abajur na mesinha empoeirada, onde há livros de Biologia, ossos de répteis e mamíferos... Calmamente, BB e Suzy penetram no mundo misterioso do vice-diretor. Suzy alarma-se com a desordem, livros pelo chão. ...BB olha um dos papéis escritos à máquina...: 'A barata é o espécime mais completo do ponto de vista biológico. Alimentando-se de qualquer coisa, inclusive de produtos sintéticos, ela transforma esses produtos em matéria orgânica. Por que isso acontece? É o que pretendo mostrar, a partir deste estudo, bem mais completo que o anterior...' (p. 101)

Os garotos consideram-no "*doido*" por viver em uma casa cheia de baratas, mas sabem que o fato de pesquisar baratas não o levaria ao assassinato da namorada. Nem o de freqüen-

---

50. Em *O bezerro de ouro*, sabe-se que Geraldino foi namorado de Ana Alexandrino, bem mais velha. LOUZEIRO, José. Op. cit.

tar motéis, como descobrem ao remexer seu papéis, "*vários recibos de motel na Barra*".

Mais ligado aos negócios de motéis está o ajudante de secretaria Manoel Inácio, que é "*um tipo misterioso, como os que aparecem nos romances policiais*" (p. 150). Por isso os jovens querem "*examinar de perto*" (p. 150). Acham, na incursão que fazem à casa da coordenadora da escola, um dinheiro numa carta endereçada ao secretário. Nela, os dizeres: "*É tudo que posso lhe arranjar. Naíde*" (p. 154). O ajudante de secretaria mora sozinho "*numa casinha modesta ...em uma curva da Estrada Velha de Jacarepaguá, ... muro caído de um lado..., as cadeiras e o sofazinho ... modestos*" (p. 156). Nessa casa, descobrem muitas "*fotografias 3 x 4 de alunas do São Luís*" (p. 157) e "*aos pés de um São Sebastião torturado*" e "*dois revólveres*" (p. 157). Seus costumes são ilegais, mas também não é o criminoso.

O irmão do ajudante de secretaria: "*um homem branco e forte, calvo, uns 45 anos, braços para trás, algemados*" (p. 169) é preso juntamente com o menino/vendedor de sorvetes, balas e café no São Luís e mais um outro garoto menor. A ligação entre a coordenadora pedagógica, ajudante de secretaria e bibliotecária se esclarece no interrogatório:

> — Sou gerente de motéis. O garoto trabalha pra mim... entrega coisas que os clientes esquecem...
>
> ... — Seu Emídio, vou apelar para seu bom senso ... O senhor tem dois minutos para dizer que tipo de coisa o garoto costumava entregar à Srta. Neide, no Colégio São Luís. Passado o prazo, Pataca vai lhe perguntar isso no *quartinho da verdade*.
>
> — Dona Neide tinha um trato com meu irmão... Ela passava fichas de alunas do São Luís e ...escolhia algumas dessas fotos pra gente.
>
> — Quer dizer que a Srta. Neide funcionava como administradora artística! (p. 172)

O homem calvo diz apenas que Neide entrega fotos das alunas bonitas que manda ampliar para a "*decoração de alguns clientes que preferem quartos ornamentados com rostos de garotinhas* (p. 172). O delegado acha tudo "*uma estória sem pé nem cabeça*" (p. 173).

Assim como o delegado, poderíamos achar exagero do autor a referência à ligação escola/motéis. Hoje esse fato talvez não cause tanta estranheza aos leitores, principalmente após terem sido veiculadas, pela imprensa e televisão, acusações a professores e diretores de uma escola maternal em São Paulo, sobre abuso sexual. Os *pequenos* alunos teriam saído para uma *excursão* (também um *tour*) a um determinado local — com camas redondas e espelhos — para brincar, sem roupas, com adultos e tirar fotos. Iam com a perua escolar.[51] Também aqui Louzeiro é profético? Ou é o seu trânsito pelas ruas como repórter que lhe dá um conhecimento que não temos ou que estamos protegidos em nossos espaços fechados?

Comprometedores são também os hábitos do professor de Geografia (Godofredo Dhal). No início das investigações, os garotos já suspeitam dele: "*nas poucas vezes em que fui à Biblioteca, sempre encontrava ele por lá. E, evidentemente, não estava fazendo nenhuma incursão geográfica, muito ao contrário*" (p. 93). O narrador assinala a malícia desses jovens mostrando que não idealizam a figura de seus professores: "*muito ao contrário*", parece que esperam descobrir coisas muito além do que se espera de educadores: "*esquecem um pouco a aflição que estão vivendo e riem. Divertem-se, imaginando a investigação que farão*" (p. 93). São tão "*excêntricos*" os costumes particulares de Godofredo, que a polícia aponta-o como criminoso, enganando o verdadeiro culpado — Carlinhos. Só três meses depois o menino confessa ter matado Neide. Transcrevo o trecho em que a polícia chega à casa de Godofredo:

> Na peça principal havia um grande mapa estendido no chão e sobre ele, nu, o professor pulava amarelinhas. Os pontos a atingir estavam assinalados com rodelas de chope.
>
> ... Nesse momento, Godofredo Dhal dera um pulo, saltando de Buenos Aires a Nova Iorque.

---

51. Em março de 94, duas mães denunciaram que seus filhos haviam sofrido abuso sexual na hora em que deveriam estar na escola. Um deles contou ter visto filmes de gente pelada, que batiam fotos e havia cama redonda. As mães foram à delegacia e convocaram a imprensa. Os acusados foram presos. Em junho, novamente o caso ocupou as páginas dos jornais. Desta feita para denunciar o engano havido e os estragos para a vida dos injustamente acusados. Até hoje o caso serve para ilustrar erros cometidos pela precipitação de julgamento da imprensa.

> Ao concluir o salto, sentiu-se observado, olhou na direção da porta, sem denotar estranheza.
>
> Os policiais aproximaram-se. Godofredo Dhal pegou uma toalha, pôs-se a enxugar o suor.
>
> Marino: Exercícios, professor?
>
> — Exatamente. Enquanto mantenho os músculos em forma, reestudo a situação da terra. Em que posso ajudá-los?... (p. 176).

Os meninos da *gang* são liberados e tratados como verdadeiros heróis: "*BB participou de um programa de TV. Terminou fazendo uma declaração que emocionou a cidade. Lamentou que o professor Dhal estivesse envolvido no crime*" (p. 183)... Não se sabe o conteúdo dessa declaração. Que teria dito o protagonista-chefe da *gang do beijo*?

Temos aí um momento de glória muito diferente do momento de glória de Dito quando mata Cristal. O pai de BB esquece "*os instantes de amargura que vivera*" (p. 183) e oferece uma recepção aos garotos: "*Não houve propriamente uma festa mas a coisa foi bem animada, à base de pizza, vinho branco e até discursos*" (p. 183). Quando os protagonistas lembram "*que o delegado ...bem que podia ser processado*"... Bassani encara "*o fato com bom humor*", dizendo que "*não guardava rancor*" (p. 183):

> — Estou certo de que ele cumpriu seu papel. Não é fácil elucidar um crime. Os moços envolveram-se numa brincadeira um tanto perigosa, terminaram pagando caro... De uma coisa tenho certeza: BB não mentiu. Acredito em meu filho e sou feliz por isso. (p. 183)

Em *Infância dos mortos*, Dito recebe tratamento diferente por dizer a verdade. Aprende a mentir para defender-se dos *tiras*.

Os tiras que "cumprem o seu papel"

Diferentemente de *Infância dos mortos*, os policiais em *A gang do beijo* não são apresentados como antagonistas. Como diz o pai do líder da *gang*: cumprem seu papel e agem tecnicamente.

Paula Soares, o delegado, mostra intenção de objetividade desde sua entrada no colégio. Sabe que lida com pessoas influentes, mas tem que cumprir suas obrigações, uma vez que os jornalistas estão alertas:

> — Delegado — indaga o repórter da TV Bandeirantes, microfone em punho ... Por que um crime desse, numa escola tradicional?
>
> — Por enquanto, temos apenas suspeitos do homicídio. As pessoas apontadas ...são todos menores e por isso não posso declinar-lhes os nomes. Nem a lei permite que sejam fotografados... Quanto ao colégio ser tradicional e lá acontecer um crime, isso não constitui surpresa, crimes ocorrem... nos piores e nos melhores lugares. (p. 111)

A escola parece ser um dos "*melhores lugares*". Por isso, o delegado trata com respeito os professores, os meninos, seus pais, e até empregados, como já se viu. Embora presos, ainda sem provas do crime, o *tour* que os garotos da *gang* fazem pela delegacia é muito diferente do dos menores de rua. É de primeira, o tratamento que Jane Perckins recebe quando se diz "*passando mal*": "*Marino e o policial ... tratam de carregar Jane, que ... chora como boa atriz... Na sala confortável, Jane é colocada sobre a mesa... O médico é simpático...*" (p. 127)

A situação é muito semelhante à que viveram Dito e seus amigos, antes dos crimes que cometem em São Paulo. E os meninos de rua não chegam à delegacia por serem suspeitos de crime, como os elementos da *gang*. Apenas foram apreendidos com os *pacotinhos*. Todavia, são torturados por não dizerem onde estaria o mandante da ação. Também, como os garotos da *gang*, os garotos de *Infância dos mortos* têm a fuga facilitada para que se descubra a localização dos outros... O tratamento de desconfiança dado ao irmão do ajudante de secretaria está mais próximo ao recebido pelos meninos de rua. Mas em *A gang* há apenas ameaças de castigo mais forte: "*se não vai para o quartinho da verdade*" (p. 170). O leitor não acompanha nenhuma cena mais forte.

Junto a essa personagem, considerada marginal, entram na delegacia dois menores/vendedores que até esse ponto da narrativa apenas cumprem função de fundo no cenário decadente da escola: são personagens que incomodam, como vimos. Não é de se estranhar que suspeitas recaiam sobre uma delas — Bariloche —, quando o crime acontece. Percebe-se, aí, que a aproximação dos policiais com esses *outros menores* não é tão amigável.

> O segundo a aparecer era Bariloche, negro, magro e alto, só de calças, corpo musculoso.
>
> Por último surgiu um garoto de uns 16 anos, moreno, grossas sobrancelhas, camisa rasgada nas costas...
>
> Pataca: Vão sentando no chão, enquanto podem. E tratem de pensar no que têm a dizer. Doutor delegado não gosta de conversa fiada. Entenderam?
>
> Garoto: Eu não fiz nada!
>
> — Se não fez, tem que provar. Aqui, se prova tudo... (p. 170)

Para Bariloche é difícil provar as coisas. Parece que o rapaz sabe o seu lugar; procura não se envolver com os problemas de um mundo do qual não faz parte. Apenas se defende. Conhece o vice-diretor do tempo em que foi *"servente no Instituto Médico Legal: — Ele precisava de uns materiais pra pesquisa e vez por outra eu arranjava"* (p. 173). Mil Faces vai procurá-lo, pois imagina que Bariloche saiba muitas coisas que quer saber. O jovem vendedor não entra na lista de suspeitos dos componentes da *gang*: *"ele vendia café na escola onde eu estudo, não tem aparecido...nós gostamos dele"* (p. 166). Os antagonistas são outros...

O trecho desse deslocamento de um dos garotos da *gang* — habitante *do mundo de cima* — até a favela onde estaria morando o vendedor — habitante *do mundo de baixo* — é dos únicos episódios em que *um* dos protagonistas apresenta-se sozinho. Mil Faces despacha o motorista cedido pelo pai de BB para acompanhar a *gang* na investigação. Podemos segui-lo, com o narrador:

> Mil Faces vai em frente, na esquina pára, examina o ambiente. Está certo de que ninguém o segue. Sente-se até reconfortado com a ausência do motorista. Pega um ônibus, senta do lado da janela, fica olhando a paisagem, as pistas movimentadas, os pontos bonitos da cidade.

Salta junto à caçamba de lixo; os casebres amontoam-se, mendigos movimentam-se, são muitos os cachorros soltos, remexendo no lixo, o caminho é estreito.

Informou-se sobre a Rua 11, subiu mais um pouco, passou pela tendinha com três homens bebericando, rádio tocando alto, pessoas debruçadas em janelinhas baixas, olhando-o como se medissem seus movimentos. Bateu em uma porta. (p. 166)

Da mesma forma que Pichote em *Infância dos mortos,* Mil Faces observa a cidade do Rio de Janeiro pelas janelas de um ônibus. Da mesma forma, a cidade proporciona a ele uma visão agradável. Embora o jovem desça num lugar bastante desagradável — *"junto à caçamba do lixo"*, não desce em um cemitério. Segue por *"um caminho estreito"* até a casa da tia do menino. O rapaz mudara-se: *"Bariloche não gosta disto aqui, moço!..."* (p. 167) Bariloche, como Dito, não *se localiza.*

A descida do morro é a oportunidade para o *garoto da escola* apreciar o ambiente do jovem de quem diz gostar: *"O suor escorrendo-lhe por dentro das roupas... pediu um refrigerante. Enquanto bebia, na própria garrafa, olhava a pobreza que era por ali."* (p. 167). Os habitantes da favela, como os policiais, desconfiam da proximidade do rapaz/vendedor com escolares:

— Você também é da escola, onde Bariloche armou o circo?

— Não sei do que tá falando.

— Que que há, garoto — diz o tipo forçando um sorriso...
— Bariloche é nego vivo. Dá nó em pingo d'água... Ele deve tá transando a mil naquela escola. Ontem um coleguinha seu pintou, procurando por ele... Por quanto ele tá vendendo a dose para a garotada?

... — Não vá me dizer que seu coleguinha veio aqui comprar cafezinho!... — comenta o homem de barba avermelhada, rosto suado, mau.

— O nome dele?

— Nome eu não sei. Por aqui ninguém tem nome. (p. 168)

O menino da escola apenas observa esse mundo que não é o seu, onde vivem *tipos*, como o homem de rosto *"mau"*, do qual procura logo se afastar. Há um consenso: garotos de escola e de favela só se encontram para negociar as *"doses"*.

Todo mundo sabe disso. Mas quase ninguém sabe nomes, endereços...

Assim como os habitantes da favela, os policiais que compõem o *estafe* do delegado aparecem como *tipos* apenas esboçados. Têm pouco espaço nesse livro juvenil, assim como Bariloche, cuja problemática é sugerida pela tia e por algumas pessoas sem nome como a *"mulher magra e alta"* (p. 178) que informa que *"a polícia pegou ele... o coitado apanhou como filho da mãe"* (p. 178) e o *"tipo magro e de barba por fazer"* que se queixa a Mil Faces: *"— Pois é isso. Seu amiguinho parecia um santo mas dedurou Bariloche. Os tiras entraram aqui, olha só o que fizeram"* (p. 178).

Além do delegado, ocupa um maior espaço na narrativa um polícia que se alia aos protagonistas. Zanoni age à moda *Sherlock*, já ultrapassada na opinião de seus colegas: *"Zanoni tá ficando gagá. Procurar criminoso pelo sapato é coisa de romance policial"*. (p. 118). O investigador comporta-se tal qual um *detetive livresco*: persegue *cientificamente* pistas, como o detetive de Conan Doyle que, no seu tempo, representava o avanço da inteligência individual (e/ou particular) em relação aos métodos atrasados e ingênuos das instituições oficiais. Na opinião do pai de Mil Faces — apresentado como um jovem senhor com costumes bastante atuais —, *"ele é um profissional que gosta de ver seu trabalho reconhecido"* (p. 131). Prontifica-se a ajudá-lo em suas investigações, fazendo *"um desenho o mais detalhado possível do tal sapato"* (p. 132) que tem *"travas acentuadas e transversais"*. Segundo eles, o dono dos sapatos que deixaram marcas na Biblioteca poderia ser o assassino. É assim que conseguem prender o professor de geografia, acalmando a imprensa por uns tempos, até chegarem ao verdadeiro culpado.

Interessa observar que a polícia e os jovens da *gang* — que iniciam as investigações de pontos diferentes — chegam a um acordo final e amigável. Se, por um lado, os garotos não levam à frente uma espécie de mágoa por terem sido acusados, uma vez que reconhecem que a polícia fez seu papel, por outro, o delegado não poupa elogios ao antigo suspeito. Mil Faces, após a visita à favela, chega ao verdadeiro culpado.

É no capítulo final, à moda dos finais de romances policiais de enigma, que se informa ao leitor a solução. Mil Faces, apoiado pelo pai, telefona ao delegado, dizendo que continuara as pesquisas e chegara *"a um resultado positivo que beneficiava professor Godofredo Dhal"* (p. 187). Não só descobriu o criminoso, como também a arma do crime que faltava à polícia. O protagonista e seu pai oficializam as conclusões na Delegacia:

"— Parabéns!... O senhor é pai de um bom detetive." (p. 187)

Jovens e adultos confraternizam.

Resta, entretanto, um problema a resolver: um jovem escolar é o assassino e crime não é ação esperada em personagens/jovens de romances policiais juvenis. Com uma fala bastante didática, o delegado resolve essa situação, dando fim ao que poderia se constituir um problema na finalização dessa história para jovens: *"— Mostre que o senhor é, individualmente, um vencedor. Diga como matou a bibliotecária... Não é mais possível continuar fazendo pessoas inocentes sofrerem em seu lugar..."* (p. 188)

A *vingança* leva Carlinhos ao crime, assim como é o motivo dos assassinatos cometidos por Dito (e de muitos outros heróis de romances de aventura). Mas, diferentemente de Dito e seus companheiros, basta uma atitude individual, para esse pequeno criminoso passar a *vencedor*: arrepender-se.

> Carlinhos senta em um banco de madeira, as lágrimas escorrem-lhe pelo rosto. Mil Faces alarma-se. Jamais vira alguém em tão profundo abatimento.
>
> — Eu queria me vingar dele — aponta para Mil Faces —, do tal BB e de todos os outros da *Gang do beijo*. Inventei a questão do dinheiro roubado, BB me obrigou a desmentir. Isso foi demais para mim. Aí, pensei na Neide, porque eles iam beijá-la. Não tinha nada contra ela. Me arrependo do que fiz..." (p. 188)
>
> Se o jovem é preso, ou qual o seu *futuro*, não importa... A história — nesse livro — tem um final. Sabe-se, apenas, que *"o depoimento de Carlinhos entrou pela madrugada..."* (p. 189).

A trilha para o *Bem* é retomada. Novamente todos aparecem identificados com a lei e com os bons costumes.

É com um papo entre pai e filho — comovidos ambos pela confissão de Carlinhos — que a narrativa termina:

> Mil Faces ergue-se, seguido do pai, vão saindo do gabinete do delegado. Carlinhos prosseguiu no seu depoimento, que entrou pela madrugada. Na rua, Alex Lima passa a mão nos olhos. Por mais que quisesse, era impossível controlar-se.
>
> — Sabe o que acho, coroa?!... Vou continuar no São Luís. (p. 189)

O protagonista Alex, triste com o triste final das "*aventuras e peripécias em que se envolvem*", comunica ao *coroa* a sua permanência no Colégio São Luís, embora a narrativa tenha mostrado por meio dessas "*aventuras e peripécias*" que a escola escolhida é bastante suspeita.

Quem são os culpados?

Temos um livro com um criminoso frágil; um motivo que não convence; e protagonistas responsáveis pela criação da situação que levou ao crime.

Frágil se torna, então, a aventura policial: os protagonistas não correm perigo mortal; não vivem realmente nenhuma situação muito forte de medo. Os garotos da *gang* são protegidos pela lei; têm para onde ir; as famílias colaboram; os advogados os protegem e os tiras são legais. Têm até motorista para facilitar a movimentação, evitando assim que se exponham muito a algum mal. Portanto, não se observa a tensão característica em romances policiais de suspense. Entretanto, vimos que, na primeira parte, há muita tensão nessa narrativa aparentemente leve (e com a mesma linguagem *debochada* dos leitores-alvos): nos capítulos dedicados às aulas, a relação professor/aluno é muito próxima à realidade.

Como nos livros policiais de enigma, temos um caso a decifrar. Se não pelo suspense, o interesse da narrativa poderia ter se constituído pela proposta de descoberta do assassino. Mas as pistas nos levam a conhecer determinadas personagens, mais pelo que representam na história do que pelo *jogo* de descoberta que deveria se instaurar entre texto e leitor.

Essas pistas são apenas pinceladas enviesadas de alguns dos elementos que poderiam compor um quadro também enviesado da escola que não temos podido decifrar. Assim, personagens a quem foram dedicados vários capítulos ficam apenas *lá* — nos capítulos (ou aulas) que antecedem o crime. Talvez o enigma proposto para o leitor seja outro; talvez o crime e os criminosos sejam outros.

Que escola é essa em que alunos e professores se *conformam?* Que espécie de formação escolar (ou conformação) as personagens (professores e alunos) que nela convivem deixam entrever? Fracos são os alunos; fracos são os professores. Mas todos violentos em suas brincadeiras e linguagem: uma violência que não se explicita. Entretanto, fortes são as pistas que encaminham para as evidências da fraqueza das escolas não ficcionais que devem ter inspirado o autor de *A gang do beijo* e *Infância dos mortos*.

Talvez as verdadeiras pistas sejam as *fraquezas livrescas* que nos colocam, em sua obviedade ficcional, o óbvio que tentamos negar. Essas fraquezas podem estar indicando outros rumos a seguir. A leitura prometida, de entretenimento — *ficção sobre ficção* — mascara algo bem mais pesado. O que acontece com Bariloche? O que aconteceria com Carlinhos, se o livro, mesmo de entretenimento, não fosse apenas a narração de um episódio na vida dessas personagens? Como se resolveriam esses casos, se o tempo da história das personagens tivesse a duração (e tantas páginas) do das histórias de *Robinson* e *Jack* de Defoe?

A leitura de *A gang do beijo*, contrastada à de *Infância dos mortos*, quem sabe, possa nos ajudar a *ler* as entrelinhas não só desse livro juvenil de Louzeiro — *até certo ponto* em conformidade com livros que seguem formas e formatos da literatura juvenil —, mas também as de outros propostos como leitura *adequada* para jovens.

4. Personagens *pixotes* na literatura juvenil brasileira

No Brasil, só a partir de 1970, começam a aparecer obras que tematizam *crises e problemas da miséria, da injustiça e da marginalização* com *tom de amargor*, embora, desde os anos 50, tenha ficado para trás a voga do *elogio ao rural*, e o espaço da aventura tenha passado a ser o urbano.[52]

Odette de Barros Mott parece ter sido uma pioneira. *Justino, o retirante* (1970) foi um marco. Livro bastante premiado (Prêmio Monteiro Lobato — Academia Brasileira de Letras; Menção Honrosa — Fundação Internacional do Livro Infanto-Juvenil/Prêmio Hans Christian Andersen —, selecionado para a exposição feita na Biblioteca de Washington como parte das comemorações do Ano Internacional da Criança/ 1979), *"retira sua matéria romanesca de um dos problemas mais graves do Brasil: o subdesenvolvimento do nordeste"*.[53]

Mesmo inovadora, a história de *Justino* é marcada por um otimismo semelhante ao dos livros de Defoe, apesar de serem diferentes das de Robinson as razões que o menino brasileiro de nossos tempos tem para partir do seu lugar de nascimento, assim como o sucesso final que atinge.

A personagem Justino — de Odette — perde o pai e a mãe com doze anos. O dono da fazenda onde vive, no interior do Ceará, literalmente o expulsa em plena época de seca. Não aceitando morar com o padrinho — lavrador que generosamente lhe oferece acolhida — decide juntar-se aos retirantes: *"de repente compreendera que não poderia continuar ali, naquelas bandas, vendo o gado pisar a terra que o pai lavrara, a terra que no tempo das águas se cobria de verde, renascendo alegremente a ofertar seus frutos"*.[54] Parte com eles sem saber para onde.

É bem recebido por aquelas pessoas pobres e *conformadas*, sem forças para suportar a *dureza* da natureza, como outras que ficavam porque *"sabiam que um dia nuvens negras se amontoariam no céu, que o sol deixaria de brilhar e que pingos grossos se dissolveriam no ar,...era questão de paciência, coragem e fé! Suportar todos os sofrimentos à espera desse dia"*.[55]

---

52. LAJOLO, Marisa & ZILBERMAN, Regina. *Literatura infantil brasileira-História e histórias*. Op. cit. p. 126.

53. COELHO, Nelly Novaes. Op. cit., p. 744.

54. MOTT, Odette. *Justino, o retirante*. 5. ed. São Paulo, Brasiliense, 1973, p. 4.

55. Idem, ibidem, p. 7.

O que impulsiona Justino e seus novos amigos é uma espécie de esperança resignada, talvez como a que impulsiona os retirantes de *Vidas secas* de Graciliano Ramos (e de tantos outras personagens inspirados em retirantes não ficcionais)...Não pretendem reivindicar nada. Lamentam-se, *somente*, por uns (os donos das terras que deixaram) terem melhor sorte e não se condoerem da deles.

Passo a passo, o caminho de Justino para uma vida melhor começa a se delinear: conhece um cego que o adota durante a caminhada, e o entrega à cidade — apenas um vilarejo onde descobre um trabalho, diferente do que conhecia: o pago com dinheiro.

Como o *Coronel Jack*, Justino não sabe o que fazer quando se vê com algumas moedas (confiadas a ele pelo cego) para trocar por comida. Atrapalha-se na sua primeira tentativa de lidar com aquela coisa estranha, o *dinheiro*: é enganado e roubado por um rapaz, semelhante aos companheiros que ensinam o Coronel Jack a roubar.[56]

Lá, na Londres do século XVIII, o que o menino tem em mãos é o fruto do seu primeiro roubo. Jack, embora personagem de um tempo mais antigo, se não sabe o que fazer com o dinheiro — mesmo se culpando por tê-lo roubado —, apressa-se a guardá-lo no tronco oco de uma árvore; em seguida, aplica-o em um banco para que suas posses cresçam. A personagem de Defoe nasce na cidade em que, naquele tempo, se discutia muito o *valor* da moeda. Não sabe usar o dinheiro, naquele momento, mas sabe que vale para o futuro. Ao iniciar seu aprendizado na *profissão de ladrão*, Jack descobre que o dinheiro cria problema:

> fiquei com ele na mão durante muito tempo... por fim senteime, tirei os sapatos e coloquei dentro os quatro guinéus; mas começaram a machucar-me de tal modo que os tirei... e fiquei novamente com eles na mão. Foi quando achei... um pano sujo e o apanhei depositando nela minha riqueza... Levei-o assim para casa, isto é, para meu refúgio na taverna, e quando che-

---

56. DEFOE, Daniel. *Coronel Jack*, op. cit., p. 22.

gou a hora de dormir não sabia o que fazer. Se deixasse alguns daqueles moleques tomar conhecimento da coisa, talvez me asfixiasse... Eu, um pobre mendigo, já não conseguia dormir desde que tinha algumas moedas...

Justino vive no século XX, mas é mais primitivo que Jack. Mesmo assim, se não se transforma em rico proprietário, como a personagem do século XVIII, consegue ser, de maneira mais modesta, um vencedor, pois aplica-se bem ao trabalho, dedica-se aos estudos; confia em Deus e nos adultos. Passa a trabalhar para uma senhora, dona de uma pensão, que se compadece dele e o leva a morar com ela. É um empregado exemplar e, aproveitando as oportunidades que lhe são dadas, *sobe na vida*. Entre essas oportunidades, está a de freqüentar uma escola. Tem a sorte de conviver com um sociólogo, hóspede da pensão, com quem discute *"os problemas do Nordeste, da miséria, do subdesenvolvimento do seu povo... e as estatísticas numéricas da porcentagem de analfabetos"*; aprende a ler e a escrever; muda-se com a patroa/mãe para um cidade maior, para uma pensão maior, para um colégio maior. Tem o aval de uma psicóloga, *Fúlvia Rosemberg*,[57] cujo nome *"a secretaria da educação forneceu"* para continuar os estudos, *"apesar do atraso em seu desenvolvimento"*.[58]

A história de Justino, orador da turma de madureza, termina com seu discurso de formatura. A personagem começa a se preparar para o vestibular de medicina:

> Somos um povo sofrido, experimentado pela dor, porém, não fraco, não covarde. Venceremos, e um dia, não longe, ao estendermos a vista por estas terras, anteriormente agrestes, por estas caatingas e sertões, veremos esta mesma terra a dar frutos copiosos. O homem plantará, sim, com o suor do próprio rosto, mas comerá o pão de cada dia e o terá para dar aos filhos.[59]

---

57. Fúlvia Rosemberg é o nome da filha — real — de Odette. Os resultados de sua pesquisa sobre personagens de livros infantis foram publicados em *Literatura infantil e ideologia*. ROSEMBERG, Fúlvia. *Literatura infantil e ideologia*. São Paulo, Global, 1985.

58. MOTT, Odette, op. cit., p. 88.

59. MOTT, Odette, op. cit., p. 95.

O otimismo e a vocação pedagógica de Justino são os mesmos de Odette. Transcrevo trechos da entrevista dada pela autora para a apresentação do seu livro:

> — É um livro de pura ficção, este seu?
>
> — É ficção, baseada em possibilidades reais. Li bastante sobre o Nordeste, fiz pesquisa para esse fim, servi-me de experiências de um filho meu, sociólogo, que esteve lá várias vezes, estudando o ambiente.
>
> — A que público é dirigido o seu livro?
>
> — Aos jovens de classes sociais mais favorecidas, que conhecem outros aspectos do Brasil, mas ainda não tomaram contato com este que localizo: subdesenvolvimento do Nordeste.
>
> — Qual sua intenção ao escrever 'Justino, o retirante'?
>
> — Não tento apresentar soluções. Quero...chamar a atenção dos jovens para os problemas do Nordeste; desejo interessá-los e estimulá-los a que façam alguma coisa, como elos que são da corrente humana brasileira. É preciso fazer com que as crianças saibam que existem meninos e meninas, neste mesmo país, que enfrentam problemas sérios como: secas periódicas, analfabetismo, falta de higiene.
>
> ... — Que me diz do herói do livro?
>
> —Justino simboliza o menino que reage ao meio adverso e luta para ter uma vida melhor. Suas andanças e sofrimentos...são as mesmas de todos os Justinos do Nordeste.
>
> — Que destino você deseja para seu livro?
>
> — Eu gostaria muito que fosse adotado, como leitura suplementar, nas escolas. Que fosse lido e comentado. Que nas aulas de Geografia e de Estudos Sociais fosse adotado como leitura subdisidiária, quando se estudasse a região do Nordeste. Isto seria ótimo, porque este livro traz grande mensagem de amor e de esperança.[60]

Odette aborda tópicos que têm muito a ver com aqueles discutidos no decorrer deste texto. Mostra que concebe a literatura juvenil como literatura paradidática e localiza seus leitores virtuais — jovens escolares — como pertencentes a um mundo (*mundo de cima*) diferente daquele de onde se originam

60. Idem, ibidem. Contracapa.

os justinos, semelhantes ao Justino, sua personagem protagonista (*o mundo de baixo*). Mas confia na escola. Não encontramos em seu livro o quadro decadente da escola pintada por Louzeiro em *A gang do beijo*, escrito em 1985. Reconhece sua vocação pedagógica e coloca seu livro à disposição da escola que aceita como uma das possibilidades para a maior compreensão do país.

A autora escreveu *Justino* na década de 1970, época do chamado *milagre brasileiro*: apenas alguns anos antes de Louzeiro lançar *Infância dos mortos*. Se, por um lado, vivia-se a época da ditadura, vivia-se também uma época eufórica no que se refere à educação e à leitura. Foi nessa mesma época que o Instituto Nacional do Livro começou a co-editar, por meio de convênios,

> expressivo número de obras infantis e juvenis, o que representa, do ponto de vista do Estado, um investimento bastante significativo na produção de textos voltados para a população escolar, cujo baixo índice de leitura, por essa mesma época, começa a preocupar autoridades educacionais, professores e editores.[61]

Embora desgostosa com os *justinos* reais que tenta representar com seu Justino, Odette mostra-se otimista com os rumos do país: a *justiça* está implícita no nome da personagem. Para ela, se todos conhecerem os problemas da realidade, as coisas serão bem melhores. E a escola — e os livros que veicula — são fundamentais para o *conhecimento*. É preciso, então, que os jovens do lado de cima conheçam os do mundo de baixo e que esses — os do mundo de baixo — se esforcem para subir os degraus que faltam para alcançar aqueles.

Em *Rosa dos ventos*, também da autora, o otimismo já é sombreado. Por intermédio de um grupo de personagens-menores pobres, o leitor entra em contato, já naquela época, com problemáticas difíceis: drogas e homossexualismo. Um dos pro-

61. LAJOLO, Marisa & ZILBERMAN, Regina. *Histórias e histórias*. Op. cit., p. 124. Importa comentar que em 2000 a situação não parece muito diferente, basta ver relatórios avaliativos baseados em pesquisas do SAEB (Sistema de Avaliação do Ensino Básico do MEC).

tagonistas — Luiz — transforma-se num viciado e *passador* de drogas. No último capítulo, a personagem, reconhecendo precisar da droga para suportar a sua vida difícil, associa-se a um jovem viciado que o recebe muito bem:

> — Puxa, muito cedo, enfim, cada um com suas necessidades. Pois tá legal, eu pago com a erva e dou o dinheiro para a condução, mas cuidado com a polícia, sou de família, sabe, meu pai é importante na praça! Que legal, agora somos sócios; a coisa é muito gostosa, quando se tem sócio.[62]

Luiz não freqüenta escola, é pobre, mas, seu sócio é *de família*, tem *nome na praça*. Não é o costumeiro final feliz, pelo menos, para um dos garotos da turma.

Interessa observar que esse final foi polemizado:

> Adotado como leitura paradidática, 'Rosa dos Ventos' teve grande acolhida entre os jovens, suscitando, porém, reações contrárias: de aceitação e repúdio. Este último, devido principalmente ao fato de a autora não ter salvo Luiz de seu envolvimento com o crime. A esta acusação (feita por estudantes em vários júris simulados, como atividade extra classe) a autora responde com sua intenção de realismo; seu desejo de mostrar que, na vida real, nem sempre (ou quase nunca?) há um final feliz.[63]

Júris simulados com leitores; palestras com escolares; cartas dos leitores aos autores dizendo se concordam ou não com o final do livro; sugestão de outros finais não são, como se viu, procedimentos novos. Lembremos (mais uma vez...) Conan Doyle: ressuscitou Sherlock, a pedidos dos leitores. Pudemos observar, entretanto, que, na busca de atendimento aos leitores escolares, esses procedimentos tornaram-se muito comuns, no circuito da literatura juvenil, nos anos que seguiram à *abertura para a leitura*. As sugestões e *decisões* são referências que — introjetadas nos modos de ser, de falar e de pensar dos protagonistas de novos livros — apenas atualizam temáticas e comportamentos.

---

62. MOTT, Odette. *Rosa dos ventos*. São Paulo, Atual, 1993, p. 134.
63. COELHO, Nelly. Op. cit., p. 753.

Vimos também que essa aproximação com o leitor-alvo não tem-se concretizado somente pelas temáticas e caracterização das personagens protagonistas/jovens das ações. Além da introjeção de modos de ser, de falar e de pensar de *um* tipo de leitor, o *jovem*, incorporam-se da mesma forma modos de ser, de falar e de pensar (não só pensar a vida real, mas também a literatura) daqueles que indicam os livros paradidáticos (os professores) e daqueles que compõem o pequeno círculo formado pelos críticos de literatura infantil e juvenil. Além de familiares e amigos, são *citados* muitos livreiros, escritores e críticos de literatura infantil e juvenil.

A *citação* (alusão a pessoas, trechos de obras, modos de narrar...) não é um procedimento novo na literatura, mas é típico da narrativa mais moderna e muito usado no âmbito das comunicações de massa.[64] A impressão que fica, entretanto, depois de lidos muitos dos livros juvenis contemporâneos, é a de que não saímos (ou alçamos o vôo da imaginação) para além *da vizinhança*: é uma conversa entre amigos.

Na medida em que se ampliam as distâncias entre os que lêem e criticam essa literatura e os que lêem e criticam a outra (a *para* adultos), mais *confinados* ficam personagens, histórias, autores e leitores. Porque restrita, essa pequena comunidade absorve rapidamente a própria crítica. Fica, então, difícil perceber se a mudança, se ocorre, é inovadora ou quando é apenas mudança na fachada, assim como são as mudanças nos produtos da indústria em geral, apresentadas em propagandas, sempre apelativas, em sua proximidade tanto com a suposta realidade e/ou necessidade e/ou desejo do consumidor, quanto com as marcas de suas rejeições, pelas constantes pesquisas de mercado. Por outro lado, percebe-se a formação de um outro tipo de comunidade, também incorporada nos projetos de livros juvenis paradidáticos: a que não se incomoda com o que *se decide*. Qualquer professor, se quiser, pode indicar esses livros sem nenhuma reflexão a respeito deles, assim como os alunos podem responder às questões sobre eles, sem lê-los, efetivamente, como vimos acontecer com a proposta do livro jogo "*Eu, detetive*".

---

64. Comentário sobre "citação": rever apêndice XII.

Chega-se assim, ao outro extremo: o livro não discutido, não avaliado, diferentemente do *uso* proposto para *Rosa dos ventos* de Odette.

Além de *Rosa dos ventos* e *Justino*, Odette publicou outros livros com temas polêmicos: preconceito racial (*E agora?*); o descaso com os operários da construção imobiliária (*Pedro Pedreiro*); a vida das empregadas domésticas (*Empregadas*). Mas *Justino* e *Rosa dos ventos* são os que trazem as personagens/jovens mais próximas às personagens de Louzeiro.

Podemos lembrar, ainda nas décadas de 1970/80, os menores de rua do livro de Carlos Marigny — *Lando das ruas* — e de Henry Correa Araújo — *Pivete*.

Marigny é jornalista como Louzeiro. É também professor. Durante cinco anos, deu aulas de História na Cosipa, no curso noturno-madureza para adultos. Segundo o próprio autor, recebeu mais do que deu:

> Recebi lições de perseverança, de esperança, e de força de vontade, em síntese: lições de crença no potencial de nosso povo. Os alunos, na maioria trabalhadores braçais, acordavam de madrugada, trabalhavam duro o dia inteiro e caindo de cansados encaravam as aulas noturnas em busca do saber para poder participar mais plenamente do espetáculo da vida.[65]

Lando é um menino engraxate. Com seus amigos — moleques que vivem nas ruas — vê-se envolvido em um assalto a banco. Embora a história denuncie a violência da sociedade contra os garotos, não traz uma personagem/protagonista bandido. Contam-se peripécias dos garotos da rua e, ao contá-las de forma divertida, o autor, sorrateiramente, os deixa freqüentar a literatura destinada aos jovens. O livro não carrega o *peso* dos considerados representativos de uma literatura que chamaríamos *realista*. Além disso, parece destinar-se a *jovens mais jovens*. Pouco a pouco, as destinações de idade se fazem mais e mais divididas, mais especificadas — assim como são divididas as séries escolares. Há, como dizemos os que trabalhamos em escola, os jovens-novos e os jovens mais velhos.

---

65. In: *Lando das ruas*. "Biografia do autor". 4. ed., São Paulo, Brasiliense, 1979.

Bem mais conhecido por mostrar o *peso* que essas personagens meninos de rua carregam (assim como a dificuldade de se fazer literatura de entretenimento com elas), é *Pivete*, de Henry Correia Araújo, também jornalista e professor. Henry não escreveu só para crianças e jovens: recebeu vários prêmios por seus livros de poesia, mas "*atraído pelo novo movimento da literatura infantil e juvenil, principalmente na linha do realismo crítico, incentivado pela Coleção do Pinto*", passa a escrever "*para a meninada*".[66] Seu livro *Pivete* mostra o heroísmo sem *happy end* de personagens menores de rua. Na catalogação dos folhetos de propaganda, é um livro indicado para *menores-menores* e foi escolhido para participar dos debates sobre "*o realismo na literatura infantil*", no XVI Congresso Internacional de Literatura Infantil (Alemanha-78).

Como se vê, o chamado *realismo com o tom de amargor* na literatura para crianças e jovens vem se fazendo pouco a pouco mais problemático e as discussões apontando a dificuldade da crítica especializada em relação à indicação dessas obras.[67] Não frutificaram modelos do que se chamou de *realismo* e de *naturalismo* na *literatura sem idade*, apesar das aparências de proximidade com a realidade e da tentativa de fazer das personagens o espelho dos leitores virtuais (os jovens escolares), trazendo para a narrativa o espaço e o tempo desses leitores.

---

66. COELHO, Nelly Novaes. Op. cit., p. 330.

67. Ver *Literatura infantil, história e histórias* (Marisa Lajolo e Regina Zilberman): "*A crítica mais radical da sociedade brasileira contemporânea, tematizada principalmente através da miséria e do sofrimento infantil, vai desde então se encorpando progressivamente. E se exprime numa representação realista do contexto social, a partir de Pivete...* "*que faz parte da Coleção do Pinto, lançada em 1975 pela editora Comunicação: parece ter cabido a ela a consolidação (mesmo que ao preço de algum escândalo) de uma literatura infantil comprometida com a representação realista e às vezes violenta da vida social brasileira*" p. 126. Ver também MARTINS, Maria Helena, a respeito da Coleção do Pinto: "*Tal coleção desencadeou fúrias e entusiasmos e pôs em pauta a questão do 'realismo' na literatura infantil. ...Da imagem angelical e paradisíaca de um mundo em que a passividade e a inocência se conjugam em tempos idos, em 'inhos'e 'zinhos, tudo acabando de modo a evitar o conflito, a manter o 'status quo', volta-se para a realidade cotidiana. Isso, contudo, a partir de suposições a respeito do que sejam as exigências e necessidades das crianças, seus anseios e fantasias, suas expectativas com relação aos livros (à vida?); daí resulta a construção de textos mais especulativos que criativos, muito menos realistas do que seria de se esperar...*" Crônica de uma Utopia. São Paulo, Brasiliense, 1989. (p. 154).

Também na literatura *para adultos*, o *"engajamento"* tem sido (e continua sendo) motivo de polêmica: as representações da realidade, muitas vezes, acabam se transformando em representações muito esquemáticas. Não cabe, aqui, neste trabalho, puxar os fios dessa polêmica, mas permito-me uma breve digressão para tocar em um deles, uma vez que Louzeiro pertence à geração de escritores da década de 1970 que se apóiam no fato jornalístico para escrever seus livros. Ele mesmo classifica *Infância dos mortos* como romance-reportagem.[68]

Alguns críticos localizam a sua desconfiança no fato de serem os autores ligados à imprensa jornalística. Como jornalistas — dizem — não conseguem abandonar o campo da *pura referenciabilidade* para transportar-se, pela linguagem ficcional, a significações mais profundas da realidade que tentam retratar. Daí, concluem: os romances-reportagem estariam iludindo o leitor (como iludem muitos dos livros da literatura, de consumo): a informação ajudaria a dar a ele a impressão de conhecimento objetivo de veracidade (ou que se fecha como verdade). Com isso, o leitor se *acomodaria* e seguiria nas mesmas trilhas em busca da utopia.

Vimos, entretanto, que o romance-reportagem *Infância dos mortos* incomoda, desacomodando: aponta exaustão de modelos. Indica a necessidade da busca de outras trilhas. Nele, o relato jornalístico cede lugar a uma narrativa densa e lírica. Cede lugar também à arte na criação de personagens verossímeis. E, por meio delas, dialogando com a tradição literária, o autor coloca um dedo sensível nos problemas de seu tempo. Refaz a informação sob o ponto de vista narrativo. E a narrativa, como diz Benjamin, conta fatos que vêm de terras distantes. Louzeiro, como vimos, conta histórias que vêm de muito longe, embora nos pareçam tão próximas.[69]

---

68. Louzeiro diz que o que vivia como jornalista *"obviamente desaguaria no romance-reportagem"*. LOUZEIRO, José. *Opção literária*. (inédito)

69. Ver CASTRO, Manuel Antônio. *"O que caracteriza a narrativa é uma enunciação literária que leva à sabedoria. O que caracteriza a reportagem é uma enunciação onde tudo está explicado, não exigindo interpretação. ...José Louzeiro consegue reunir as duas tendências, os dois aspectos numa feliz síntese. ...Mesmo sendo muito fiel aos fatos, nem por isso poderíamos denominar suas obras de realistas ou naturalistas, porque no todo resulta um clima que de tão verdadeiro nos parece irreal"*. "Geração discursiva pós-moderna: José Louzeiro e o romance reportagem." *Tempo Brasileiro*. nº 69, Rio de Janeiro, abril-junho 1982.

Muitos dos comentários desses críticos fazem sentido quando olhados na especificidade de alguns textos, assim como me parecem aplicáveis a muitos textos da literatura juvenil, muito próxima, em toda a sua história, dos mecanismos de produção e divulgação da indústria cultural. A tendência a marcar tendências, antes de nos determos nas singularidades, pode nos levar a dogmatismos e ao risco de confinar autores, idéias.

Volto aos livros catalogados como juvenis.

No cômputo geral, os livros do *realismo* com *tom de amargor* perdem (e muito) para a voga das aventuras policiais, trabalhadas para que os virtuais leitores (os jovens) se identifiquem com as personagens detetives. E é muito difícil a identificação com personagens sem possibilidade de vitória. Talvez por isso temos visto reiterarem-se, nos livros juvenis de hoje, e aqui no Brasil, os mesmos valores que inspiraram o autor de *Robinson*, apesar do tempo decorrido desde os inícios do *romance* e de livros específicos para jovens.

Na obra de Stella Carr, autora de muitos outros livros além dos comentados na primeira parte deste livro, também se fazem presentes personagens menores de rua.

Em *O caso do sabotador de Angra*, Tic-Tac e Acetato, meninos que fogem de um orfanato em Salvador, ajudam a deslindar um caso. Mostram-se heróis, ajudando a descobrir que o orfanato é a fachada para atividades criminosas de pessoas interessadas em paralisar as reações de outras contra a instalação das usinas nucleares em Angra dos Reis. A ação dos menores mostra-se uma oportunidade para a caracterização do orfanato como espaço de estímulo da *"gatunagem dos meninos e meninas que ali vivem"*.[70] As personagens são apresentadas pitorescamente, assim como a Bahia de Jorge Amado o qual é transformado em personagem figurante: aparece como cicerone em um ritual de candomblé: uma homenagem a *Capitães da areia*.

As personagens Tic-Tac e Acetato retornam em outro livro — *O esqueleto atrás da porta* —, agindo com os heróis mais

---

70. COELHO, Nelly Novaes. Op. cit., p. 839.

conhecidos (e da série mais conhecida) da autora: os *Irmãos Encrenca*. Os menores órfãos, ao procurar emprego no Clube de Caça aos Pombos, em São Paulo, desaparecem. Ao mesmo tempo, no colégio particular onde estudam os irmãos Marco e Eloís (os irmãos Encrenca, criados em *O caso da estranha fotografia*), um aluno é acometido de mal súbito por envenenamento. Os incidentes estão ligados: aliciam-se menores para o uso e passagem de drogas; queimam-se arquivos e usa-se uma clínica para menores para o tráfico. As personagens menores ajudam a deslindar o caso.

Nos dois livros, entretanto, as personagens menores sem família agem dentro da ordem estabelecida.

Como no livro de Stella — *O caso do Sabotador de Angra* —, o centro das operações de tráfico, em livro recente de Luiz Puntel, é um orfanato. Em *Tráfico de anjos* (1993), a personagem-protagonista é um repórter de rádio de Ribeirão Preto, interior de São Paulo, que desvenda, juntamente com um delegado — caracterizado como inteligente, responsável e sério — um caso de tráfico internacional de bebês.

Também na literatura juvenil, a ligação policial/jornalismo tem sido fórmula bastante explorada pelos escritores que tematizam assuntos polêmicos da realidade atual. Em muitos livros, os detetives-jovens criticam os métodos dos policiais (e de romances policiais sem idade), agindo longe deles. Em outros, complementam os tiras, apoiando-os. Quase sempre, porém, os profissionais do jornalismo são coadjuvantes dos protagonistas.

A trama policial em *Tráfico de anjos* é frágil, da mesma forma que em *A gang do beijo*. Mas Puntel (como Odette de Barros Mott) é claro em sua proposta. O protagonista- repórter é uma criança adotada e seu irmão engravida a namorada. Está criada, assim, a oportunidade de tratar pedagogicamente o problema da gravidez de jovens menores e, ao mesmo tempo, sensibilizar os mais favorecidos para a adoção de menores carentes. Tudo dentro da legalidade, como diz o autor, na página de apresentação do livro, da série Vaga-Lume, da Ática: "*Não sou contra a adoção legal de crianças por estrangeiros. ... Mas, quando elementos inescrupulosos negociam seres humanos, amea-*

çando mães solteiras e até roubando seus filhos, então estamos diante de quadrilhas que precisam ser expostas e punidas". Seguindo a fala do autor, o convite à leitura:

> Os heróis de *Tráfico dos anjos* são de carne e osso mesmo, jovens que, com garra e emoção, encontram pouco a pouco o caminho do amadurecimento. E, em meio a muita ação, também topam com pessoas que, dentro da lei, se dedicam a dar a meninos e meninas um lar adotivo.[71]

É interessante lembrar que, no livro de Defoe, o irmão mais velho do Coronel Jack (o Capitão Jack), um menor de rua, dedica-se ao tráfico de crianças. Transcrevo um trecho de *Coronel Jack:*

> Assim foi que me tornei, apesar da pouca idade, uma espécie de historiador, e, embora não tivesse lido nenhum livro e tampouco os tivesse para ler, achava-me em condições de prestar razoáveis contas do que se passara e do que se estava passando no mundo, especialmente os acontecimentos em relação ao meu próprio país. Eu sabia de cor os nomes de todos os navios da Armada, bem como os de seus comandantes, e tudo isto antes de chegar os meus quatorze anos ou talvez mais cedo.
>
> A essa altura o Capitão Jack meteu-se em más companhias e separou-se de nós, passando-se longo tempo, quase metade dum ano, sem que ao menos tivéssemos notícias dele. Soubemos então que se havia metido com um bando de *kidnappers*, como se dizia naquela época, um bando de indivíduos perversos que roubavam criancinhas, tapavam-lhe a boca e desapareciam com elas, indo entregá-las algures a outros bandidos que se escondiam noutras casas para as receber e embarcá-las por mar rumo à Virgínia, onde os vendiam.[72]

Roubos de crianças sucedem-se e jovens vêm se dedicando ao crime, há muito tempo, apontam os livros de literatura com personagens jovens.

O caso policial, em *Tráfico de anjos*, termina com um encontro de pais e filhos adotivos, promovido pelo Enfapa (En-

---

71. PUNTEL, Luiz. *Tráfico de anjos*. São Paulo, Ática, 1993, p. 3.

72. DEFOE, Daniel. Op. cit., p. 13.

contro Nacional de Pais Adotivos e Filhos Adotivos). A personagem e o pai participam: "*Postados em círculos na entrada, uma fila integrada por filhos adotivos e de todas as idades, reunindo bebês de colo, crianças e até adultos, recebiam seus pais com flores*".

Se lembramos as razões morais para o abandono dos filhos em *Coronel Jack* e em *Oliver Twist*, perceberemos que o livro de Puntel aponta mudanças significativas. Entretanto, as propostas para a resolução da problemática dos menores sem família continuam as mesmas dos outros tempos: conta-se com a generosidade das pessoas. E tudo dentro da ordem.

Exemplar para a sinalização dessa espécie de "beco-sem-saída" de um determinado esquema de certa forma modelar para livros juvenis de aventura policial com personagens menores de rua é o livro *Bem-vindos ao Rio* de Marcos Rey, que se introduziu como escritor juvenil na Ática, depois de conhecido por seus livros *sem idade*. Seu primeiro título para jovens, *O mistério do cinco estrelas*, (1981), assim como *Sozinha no mundo* (1984) continuam sendo sucesso de vendas. Entre outros, publicou pela mesma coleção: *O rapto do menino de ouro, Um cadáver ouve rádio, Dinheiro do céu, Bem-vindos ao Rio; Enigma da televisão, Garra de campeão, Quem manda já morreu, Corrida infernal, Na rota do perigo, Um rosto no computador...*

Marcos Rey transitou pelo jornalismo e caracterizou-se por ter sido escritor de livros sem catalogação de idades. É da epígrafe de *Bem-vindos ao Rio* que retirei a expressão que tenho usado para referir os dois tipos de personagens que caracterizariam dois grupos de protagonistas jovens presentes em muitos livros considerados adequados para a juventude: o dos predestinados a vencer, pertencentes ao *mundo de cima*; o dos predestinados a perder, pertencentes ao *mundo de baixo*:[73]

> Há dois mundos, o de cima e o de baixo. Quem vive no de cima pode, por curiosidade ou acidente, conhecer o outro. Mas os que estão no de baixo só através do sonho viajam para o de cima.

---

73. REY, Marcos. *Bem-vindos ao Rio*. São Paulo, Ática, 1990.

Nessa epígrafe, uma mensagem desanimadora e, ao mesmo tempo, estranha para os leitores que costumam procurar a série *Vaga-Lume*, da editora Ática, pela qual o volume foi publicado. Os objetivos da série são expressos na contracapa desse livro, assim como aparecem em todos os da coleção, como uma espécie de propaganda: "*Despertar e criar o gosto pela leitura. Histórias emocionantes, cheias de ação, uma linguagem simples e direta. Todos os títulos com um Suplemento de Trabalho especial*".

Espera-se, então, que a leitura não traga problemas para o leitor (como se espera na leitura de *A gang* e se esperava na dos livros de Defoe). Espera-se, também, que seja leve. Além disso, o título — uma fórmula de cortesia — estimularia expectativas não tão pesadas. Na capa, a ilustração contradiz o título indicando a ironia da cortesia. Nela, *Bem-Vindos ao Rio* estampa a frente da camiseta de um jovem mal-encarado que persegue, em cima de um telhado, um outro jovem, de *aparência normal*. Ao fundo, o Pão de Açúcar.

Assim como em muitas *narrativas policiais juvenis*, o leitor é colocado de imediato na ação no momento em que algo diferente ocorre na rotina de vida de jovens. Também como em muitos desses livros, o tempo de sair da rotina é o tempo das férias e a *viagem*, o motivo mais uma vez explorado. Cláudio, uma das personagens que protagonizam a história, veio de Curitiba para ficar três dias na *Cidade Maravilhosa*: "*fazia a sua primeira viagem sem os pais e nunca estivera no Rio. Toda cidade com milhões de habitantes é perigosa, que tivesse todo cuidado e só fechasse os olhos para dormir, sempre alerta, como os escoteiros*" (p. 7); conhece Patrícia que "*já estivera no Rio de Janeiro, mas com um aninho*" (p. 8).

É no quarto capítulo que os dois turistas se encontram, numa visita ao Palácio do Catete. Apresentam-se e decidem ir juntos ao Museu de Arte Moderna. Não achando ninguém para lhes indicar o caminho, Cláudio dirige-se a um boteco enquanto a jovem o espera. Ao voltar, não encontra a garota.

Terminada essa parte, a história se estrutura em torno de três eixos que se desenrolam simultaneamente, mas que perfazem uma seqüência linear de desenvolvimento. O primeiro, em torno das personagens protagonistas, presas num velho casarão, percebem terem sido seqüestrados; o segundo, ao redor dos seqüestradores, nada menos que moleques de rua que acompanhavam os turistas; e o terceiro, o que mostra as ações das duas famílias dos seqüestrados e suas combinações com a polícia.

No primeiro eixo, acompanhamos os movimentos dos raptados: suas angústias, seus medos, suas expectativas e o nascimento de uma relação de amizade forte, sugerindo a possibilidade de relação amorosa, como conclusão feliz, após a resolução do seqüestro. No segundo, as idéias, os planos do grupo de menores de rua, as disputas pela liderança da *gang*, seus subgrupos, as histórias que os levaram à rua, o namoro daquele que acaba por se tornar chefe, com a companheira dos pequenos trabalhos (não se fala em prostituição). No final, a morte do líder da quadrilha e a prisão de outros, apresentadas como conclusão para o crime dos meninos, após a resolução do seqüestro. E, no terceiro, as ações dos adultos em favor dos menores raptados (protagonistas) e contra os menores culpados. No final, o prêmio merecido: um descanso dos protagonistas com os pais na *Cidade Maravilhosa*.

A aproximação positiva, se assim podemos dizer, faz-se com um dos mundos apontados por Marcos Rey. Ao segundo mundo, pertencem aqueles que podemos chamar de antagonistas, uma vez que são responsáveis pelas mudanças nos planos das personagens que o esquema narrativo anuncia como aqueles que vão viver a *aventura*. Interessante observar que o capítulo introdutório e o conclusivo são dedicados às personagens da *classe do meio*, ou seja, *os dentro da ordem*: os filhos, os pais e a polícia.

Pode-se dizer que a narrativa de Marcos Rey insere-se na tradição do *romanesco*.[74] Temos o belo herói (Cláudio); a bela

---

74. Uso *romanesco* no sentido dado por Northrop Frye: "A *estória romanesca é, de todas as formas literárias, a mais próxima do sonho que realiza o desejo, e por essa razão desempenha socialmente um papel curiosamente paradoxal. Em todas as idades a classe social ou intelectual dominante tende a projetar seus ideais nalguma forma de história romanesca, na qual os virtuosos heróis e as belas heroínas representam os ideais, e os vilões as ameaças à supremacia daqueles. Esse é o caráter geral das estórias romanescas sobre aventuras de cavalaria na Idade Média,...da aristocrática no Renascimento, da romanesca burguesa*

heroína (Patrícia); os vilões (os meninos de rua); a jornada perigosa e as aventuras preliminares (a chegada ao Rio de Janeiro até a instalação do conflito — o seqüestro); a luta crucial (os contatos, ameaças, tentativa de fuga); o reconhecimento do herói (o prêmio merecido, ou seja, o passeio tão esperado ao Rio). As personagens Cláudio e Patrícia protagonizam a história e os meninos de rua representam os antagonistas, "*merecidamente castigados*" no final. A distribuição dos capítulos dedicados aos três eixos narrativos permite uma retomada do esquema: o número dos capítulos dedicados aos menores de rua (antagonistas) é bem maior do que os dedicados aos protagonistas. Além disso, se a *luta* dos dois mundos deve significar o *confronto* do qual os heróis sairão vencedores, a ponto de merecerem o *reconhecimento*, é estranho o fato de haver o mesmo número de capítulos dedicados às intersecções dos eixos dois/três (antagonistas e auxiliares dos antagonistas) e um/três (protagonistas e auxiliares).

O esquema aponta o que acontece de fato: os protagonistas agem muito pouco nessa aventura policial. Há apenas uma tentativa — frustrada — de fuga. A ação e os reais perigos são vividos pelos antagonistas. Além disso, como em *A gang do beijo*, esses protagonistas contam, todo o tempo, com o apoio dos pais.

Outros esquemas:

Juntando-se à trama policial, o humor mostra-se como possibilidade para driblar o peso da temática *violência* em livros catalogados como policiais juvenis.

Nessa vertente, João Carlos Marinho, ganhador de vários prêmios e também *best-seller* com os livros da sua *turma do Gordo*, é apontado como um autor que tem sabido trabalhar literariamente a temática da violência. Tem sido visto como

---

desde o século XVIII, e da ... revolucionária na Rússia contemporânea. ... As encarnações indicam que não importa a extensão da mudança que possa ocorrer na sociedade, a estória romanesca surgirá de novo... procurando novas esperanças e desejos de que alimentar-se... O caráter permanentemente infantil da estória romanesca assinala-se por sua nostalgia de extraordinária persistência, por sua busca de algum tipo de idade de ouro imaginativa no tempo e no espaço". FRYE, Northrop. Op. cit., p. 185.

um continuador de Monteiro Lobato; como ele, publicou livros sem catalogação de idades.

O caneco de prata é considerado um marco divisor na literatura brasileira para crianças e jovens:

> João Carlos Marinho inscreve, com 'O Caneco de prata', o discurso literário produzido no país para público infanto-juvenil não somente no âmbito da contemporaneidade estética, como também o eleva à condição artística, tal como a compreendemos hoje. Isto é: 'autônoma', 'estruturada', 'de dentro', dotada de coesão interna, resultante de sua auto-regulação.[75]

Publicado na década da ditadura, foi bastante problemática a sua indicação para jovens escolares.

Também muito polemizado com respeito ao abuso da violência em livros juvenis é *Sangue fresco*. Nele, os jovens protagonistas vencem uma quadrilha de malfeitores que contrabandeia sangue de crianças. A arma das personagens protagonistas: a inteligência. A do autor: o humor e a ironia. Critica o real, não pelo "*discurso condenatório*", mas pela "*redundância vertiginosa e agressiva dos detalhes da violência, ou paradoxalmente*", pela "*naturalidade do registro de ações ou instrumentos mirabolantes*".[76]

Suas personagens protagonistas pertencem "*ao mundo de cima*". Os despossuídos não são muito visíveis. Entretanto, desde o primeiro livro, *os de cima* e os *de baixo* espreitam-se.

No primeiro livro da série do Gordo — *O gênio do crime* (muito alegre e engraçado) — a nota triste é dada pela personagem de um menor favelado: o filho de um dos membros da quadrilha de falsificadores de figurinhas de futebol, vencida pelos protagonistas. Ironicamente, o menino, esperando ser seu pai um herói, descobre-o um bandido. Sem saber, denuncia-o. E o Gordo (Bolachão), não dado a sentimentalismos,

75. PERROTTI, Edmir. *O texto sedutor na literatura infantil*. Op. cit., p. 12.

76. LAJOLO, Marisa & ZILBERMAN, Regina. *Histórias e Histórias*. Op. cit., p. 142.

"ficou com pena do menino e foi agradecer": "veio chegando, no seu passo de avestruz cansado, parou em frente do menino, levantou a mão, num gesto de carinho, para pôr no ombro dele... Mas o gordo era o gordo, já tinha feito muito e não deu para continuar".[77]

O gordo tem *pena*.

Em *Cascata de cuspe, game over para o gordo* (1993), essa *pena* que o Gordo sente dos menores *do outro lado* leva-o a se atrapalhar: a caminho de uma loja de videogames, é assaltado por uma *gang* de trombadinhas e quer vingar-se. Fica sabendo, porém, que os garotos vão ser vítimas de um grupo de exterminadores. Salva-se usando sua "*cascata de cuspe*": deita-se e, como se estivesse tendo um ataque, solta cuspe em tal exagero que os bandidos se confundem e ele os vence. Salvando-se, salva os meninos que "*talvez*" aceitem "*morar em regime aberto na Pastoral dos Meninos de Rua*".[78] A ação dos trombadinhas limita-se à parte introdutória. É em torno do gordo e sua *cascata* que a história é tramada. No subtítulo desse livro — *game over para o gordo* —, poderíamos ver embutida a impotência de um *herói-menor do mundo de cima* ante companheiros do *mundo de baixo*?

É um jogo cuja vitória escapa aos ardis da inteligência desse herói, como parece escapar das estratégias dos autores que escolhem menores de rua como personagens para viverem aventuras policiais em livros juvenis.

A turma do gordo continua suas peripécias em novos livros do autor.

Apesar das tentativas de transformação, vemos priorizada, na literatura juvenil, a *forma* que serviu de base para os escritores de aventura do século XIX. A aventura *romanesca* presta-se mais à manutenção da fantasia sobre a possibilidade de realização dos desejos de riqueza, felicidade e sucesso.

Entretanto, na medida em que as cidades, e os noticiários jornalísticos, não podem mais ocultar essa outra juventude (que

---

77. MARINHO, João Carlos. *O gênio do crime*. São Paulo, Global, 1992, p. 122.
78. Idem. *Cascata de Cuspe, game over para o gordo*. São Paulo, Moderna, 1993, p. 53.

esbarra em nós, amedronta e, com isso, incomoda a todos os envolvidos com aqueles jovens que se tenta educar para as coisas boas da vida), também nos livros juvenis as personagens representativas de um mundo *fora de ordem* começam a *sujar* os esquemas montados tão cuidadosamente, como é montada e limpa a escola de D. Ana Alexandrino em *A gang do beijo*.

O modelo que vem sendo seguido parece não dar certo, na medida em que se confrontam, em livro *para jovens*, os jovens (protagonistas fracos) que pertencem ao mundo dos que têm família, habitam lares protegidos e freqüentam as escolas (os jovens para quem os livros são escritos) e os que não têm família, vivem na rua e não freqüentam escolas (antagonistas que só perdem porque é uma luta com parceiros em desigualdade de condições).[79]

Em *Infância dos mortos*, livro não catalogado como juvenil, os protagonistas são fortes e nos levam a torcer por eles. Não são colocados em confronto com garotos escolares. Gostariam de brincar com eles, *puxar as saias das colegiais, dar piruetas*.

Gostariam de atravessar *linhas de sombras* que separam tempos de vida e de histórias.

À guisa de conclusão

Que escolas (e que livros) Daniel Defoe achava que seriam capazes de impedir que meninos fossem formados para o crime, em 1776, quando o *romance* começava a se desenvol-

79. Nos últimos anos, vemos surgirem novas tentativas de criação de protagonistas menores de rua em livros juvenis. Nada, porém, muito diferente das aqui apresentadas. Interessante, porém, a de Roberto Freire, que iniciou uma série com um menino de rua como herói-protagonista. No primeiro livro (1994) *Moleques de rua: as aventuras de João Pão, um menor abandonado*, o autor não coloca explicitamente *jovens do mundo de baixo* em confronto com *os do mundo de cima*. Trata de amor, amizade, solidariedade, no mundo de gangues. A personagem aprende a furtar, assaltar e, como diz a propaganda na contracapa, "antes de crescer... ainda havia uma última lição: aprender a matar". Um narrador adulto conta as "peripécias" do menino, fazendo surgir, pouco a pouco como que uma "ética" para permanecer nas gangues. São Paulo, Moderna, 1999.

ver e a *literatura juvenil* se formava muito ligada aos objetivos das escolas daqueles tempos? Parece que já se suspeitava que a aventura de fato estaria fora das escolas, uma vez que os heróis daquele autor não as freqüentam: apenas falam sobre a sua importância.

No tempo do autor de *Robinson*, escolas representavam possibilidades de progresso, de domínio do futuro e a certeza de um mercado nascente e promissor para os interessados em livros. Pouco a pouco, porém, transformam-se no retrato de complexidades crescentes, uma vez que comprimidas pelas urgências de um sistema econômico e político que, não realizando as promessas de igualdade, cada vez mais vêm acirrando desigualdades, concretizadas na convivência distante entre dois tipos de jovens. Esses dois tipos parecem corresponder aos dois tipos de leitores a quem Defoe recomendava a leitura de seus livros: o leitor apenas, e o leitor perverso.

Os leitores/escolares aparecem igualados nos pequenos espaços de aventura que seu dia-a-dia proporciona. Alimentam a (e são alimentados pela) fantasia proporcionada pela ficção romanesca juvenil que espelha, mesmo sendo espelho enquadrado, os desejos de realização presentes no presente.

Sabemos que leitores com as características das personagens de *Infância dos mortos* dificilmente lêem livros, mesmo esse de Louzeiro. Dito e Pichote morrem nas ruas. Lutam para mudar, mas não acabam a história como vencedores e o livro não é catalogado como juvenil. As personagens — jovens e adultos — de *A gang do beijo* (e de muitos livros juvenis) não sabem o que querem mudar: *conformam-se*, assim como esses livros *conformam-se* aos limites do que se considera adequado para se expor em livros para jovens escolares, candidatos a vencedores.

A leitura de *A gang do beijo*, contrastada à de *Infância dos mortos*, quem sabe possa nos ajudar a ler as entrelinhas não só desse livro juvenil de Louzeiro — *até certo ponto* em conformidade com livros que seguem formas e formatos da literatura juvenil —, mas também as de outros que continuam a ser propostos como leitura adequada para jovens.

Parece que *os do lado de fora* não estão, como Pichote, só puxando a saia das colegiais. Começam a puxar diversas *saias*, entre elas a que esconde segredos de nossas escolas e livros.

As personagens de *Infância dos mortos* sabem pouco da realidade, embora vivam uma dura realidade. Não são leitoras de livros de aventura, onde, geralmente, os atos heróicos são reconhecidos. Também muito pouco sabem do mundo dos garotos que encontramos em livros juvenis. As personagens de *A gang do beijo* e de muitos livros catalogados como juvenis, por seu turno, não sabem que são protagonistas fracos.

Acompanhar as aventuras das personagens menores de rua e as dos meninos da escola, sair delas para outras também protagonizadas por jovens, ler livros de aventura escritos especificamente para jovens, ou aventuras de outros tempos e verificar o que se diz sobre esses livros — tudo isso é uma proposta de aventura, o que, por princípio, desestabiliza. Perceber semelhanças nas diferenças e diferenças nas semelhanças leva a novas composições. **(XIII)**

Bibliografia geral

AMADO, Jorge. *Capitães da areia*. 50. ed., Rio de Janeiro, Record, 1980.

ARAÚJO, Henry Correa. *Pivete*. 7. ed., Belo Horizonte, Comunicação, 1982.

ARIÉS, Philippe. *História social da criança e da família*. Trad. de Dora Flaksman. Rio de Janeiro, Guanabara, 1981.

BARCELOS, Caco. *Rota 66*. 4. ed. São Paulo, Globo, 1992.

BENJAMIN, Walter. *Magia e técnica, arte e política*. Trad. de Paulo Sérgio Rouanet. São Paulo, Brasiliense, 1987.

BOSI, Alfredo. *História concisa da literatura brasileira*. São Paulo, Cultrix, 1972.

BRAITH, Beth. *A personagem*. São Paulo, Ática, 1985.

CALVINO, Ítalo. *Por que ler os clássicos*. Trad. de Nilson Moulin. São Paulo, Companhia das Letras, 1993.

CAMPOS, Cláudia Arruda, SOUZA, Maria Lúcia Zoega de. "Adolescentes e livros, a mediação da escola". In: DIETZSCH, Mary Julia Martins (org.). *Espaços da linguagem na Educação*. São Paulo, Humanitas, 1999.

CANDIDO, Antonio. *A educação pela noite e outros ensaios*. São Paulo, Ática, 1989.

______. *O discurso e a cidade*. São Paulo, Duas Cidades, 1993.

______. *Tese e antítese*. São Paulo, Nacional, 1978.

CARR, Stella. *O caso da estranha fotografia*. São Paulo, Pioneira, 1977.

______. *O esqueleto atrás da porta*. São Paulo, Pioneira, 1982.

______.; CARR, Laís Ribeiro. *Eu, detetive, o caso do sumiço*. São Paulo, Moderna, 1992.

CASTRO, Manuel Antônio. "Geração discursiva pós-moderna: José Louzeiro e o romance reportagem". *Tempo Brasileiro*, nº 69, Rio de Janeiro, abril-junho, 1982.

CERTEAU, Michel. "Caminhada pela cidade". In *A invenção do cotidiano*. Petrópolis, Vozes, 1996.

COELHO, Nelly Novaes. *Dicionário crítico da literatura infantil/juvenil brasileira, 1882-1982*. São Paulo, Quíron, 1983.

CONRAD, Joseph. *Linha de sombra*. Trad. de Maria A. Van Acker. São Paulo, Brasiliense, s.d.

DEFOE, Daniel. *Coronel Jack*. Trad. de Geir Campos. Rio de Janeiro, Francisco Alves, 1982.

______. *Robinson Crusoé*. Trad. de Elsa Andriga. Sintra, Portugal, Publicações Europa, América, 1980.

DIETZSCH, Mary Júlia. "Ensaiando leituras com meninos que vivem nas ruas de São Paulo". In FREITAG, Bárbara (org.). *A universidade em destaque: anuário de educação 97/98*. Rio de Janeiro, Tempo Brasileiro, 1998.

DIMENSTEIN, Gilberto. *A guerra dos meninos. Assassinatos de menores no Brasil*. São Paulo, Brasiliense, 1991.

DUMAS, Alexandre. *O conde de Monte Cristo*. São Paulo, Lep, 1946. (Coleção Capa e Espada)

ECO, Umberto. *Sobre os espelhos e outros ensaios*. Trad. de Beatriz Borges. Rio de Janeiro, Nova Fronteira, 1989.

EPINOSA, Antonio Roberto e outros. *Literatura comentada: José Louzeiro*. São Paulo, Abril, 1982.

ESCARPIT, Denise. *La littérature d'enfance et de jeunesse*. Paris, Presses Universitaires de France, 1981.

FORSTER, E. M. *Aspectos do romance*. Trad. de Maria Helena Martins. Porto Alegre, Globo, 1969.

FOUCAULT, Michel. *Vigiar e punir*. Trad. de Lígia M. Pondé Vassalo. Petrópolis, Vozes, 1991.

FREIRE, Roberto. *Moleques de rua: as aventuras de João Pão, um menor abandonado*. São Paulo, Moderna, 1999.

FRYE, Northrop. *Anatomia da crítica*. Trad. de Péricles E. da Silva Ramos. São Paulo, Cultrix, 1973.

GOLDMAN, Lucien. *A sociologia do romance*. Rio de Janeiro, Paz e Terra, 1967.

HIGUCHI, Kazuko Kojima. "O resgate da história e do narrador". In CHIAPPINI, Lígia, CITELLI, Adilson. (Coord.). *Aprender e ensinar com textos vol. 6: Outras linguagens na escola*. São Paulo, Cortez, 1999.

HOBSBAWM, E. J. *Bandidos*. Trad. de Donaldson Garschagen. Rio de Janeiro, Forense, 1976.

HUIZINGA, Johan. *Homo ludens*. Trad. de S. P. Monteiro. São Paulo, Perspectiva, 1980.

IVO, Ledo. *A ética da aventura*. Rio de Janeiro. Francisco Alves, 1982.

LAJOLO, Marisa & ZILBERMAN, Regina. *Literatura infantil brasileira- História e histórias*. São Paulo, Ática, 1984.

LAJOLO, Marisa. *Do mundo da leitura para a leitura do mundo*. São Paulo, Ática, 1993.

LEITE, Lígia Chiappini de Moraes. *O foco narrativo*. São Paulo, Ática, 1985.

LOUZEIRO, José. *Pixote, a lei do mais forte*. São Paulo, Civilização Brasileira, 1993.

______. *A gang do beijo*. Rio de Janeiro, Nova Fronteira, 1984.

______. *Pixote, infância dos mortos*. São Paulo, Global, 1991.

______. *Pixote, infância dos mortos*. Rio de Janeiro, Ediouro, 1998;

______. *O bezerro de ouro*. Rio de Janeiro, Nova Fronteira, 1986.

______. *A gang do beijo*, 5. ed., Rio de Janeiro, Ediouro, 2000.

MANDEL, Ernest. *Delícias do crime: história social do crime*. Trad. Nilton Goldmann, São Paulo, Busca-Vida, 1988.

MARIGNY, Carlos. *Lando das ruas*, 4. ed., São Paulo, Brasiliense, 1979.

MARINHO, João Carlos. *Cascata de cuspe*. São Paulo, Moderna, 1992.

MARINHO, João Carlos. *O caneco de prata*. São Paulo, Global, 1992.

______. *O gênio do crime*. São Paulo, Global, 1992.

______. *Sangue fresco*. São Paulo, Global, 1992.

MARTINS, Maria Helena. *Crônica de uma utopia: leitura e literatura infantil em trânsito*. São Paulo, Brasiliense, 1989.

______. *Agonia do herói*. Porto Alegre, LP&M, 1980.

MELO NETO, João Cabral de. *Poesias completas*. Rio de Janeiro, José Olympio, 1979.

MEYER, Marlyse. *Folhetim: uma história*. São Paulo, Companhia das Letras, 1996.

MOTT, Odette. *Justino, o retirante*, 5. ed. São Paulo, Brasiliense, 1973.

______. *Rosa dos ventos*. São Paulo, Atual, 1993.

PAES, José Paulo. *A aventura literária*. São Paulo, Companhia das Letras, 1990.

PERROTTI, Edmir. *O texto sedutor na literatura infantil*. São Paulo, Ícone, 1986.

______. *Confinamento cultural, infância e leitura*. São Paulo, Summus, 1990.

PIAGET, Jean. *A formação do símbolo na criança. Imitação, jogo e sonho; imagem e representação*. Trad. de Álvaro Cabral, Rio de Janeiro, Zahar, 1978.

PUNTEL, Luiz. *Tráfico dos anjos*. São Paulo, Ática, 1993.

REIMÃO, Sandra Lúcia. *O que é o romance policial*. São Paulo, Brasiliense, 1983.

REY, Marcos. *Bem-vindos ao Rio*. São Paulo, Ática. (Série Vaga-Lume), 1990.

ROSEMBERG, Fúlvia. *Literatura infantil e ideologia*. São Paulo, Global, 1985.

SOUZA, Maria Lúcia Zoega de. *Stella Carr e literatura juvenil, um enigma em suspenso*. Dissertação de mestrado. Teoria Literária e Literatura Comparada. F.F.L.C.H-USP, 1988, (inédito).

STEVENSON, Robert Louis. *A ilha do tesouro*. Trad. de Rubens de Aquino Penteado. São Paulo, Nacional. (Coleção Terramarear.)

TADIÉ, Jean Yves. *Le roman d'aventures*. Paris, PUF, 1982.

TODOROV, Tzvetan. *As estruturas narrativas*. Trad. de Leyla Perrone Moisés. São Paulo, Perspectiva, 1970.

TWAIN, Mark. *As aventuras de Tom Sawyer*. Trad. de Luísa Derouet. São Paulo, Abril, 1980.

______. *As aventuras de Huck*. Trad. e adaptação de Herberto Sales. Rio de Janeiro, Tecnoprins, 1969.

VYGOTSKY, L. S. "O papel social do brinquedo no desenvolvimento". In: *A formação social da mente*. São Paulo, Martins Fontes, 1984.

VARELLA, Dráuzio. *Estação Carandiru*. São Paulo, Companhia das Letras, 1999.

YASUDA, Ana Bonato Garcez. "A circulação do paradidático no cotidiano escolar". In: CHIAPPINI, Lígia; BRANDÃO, Helena & MICHELETTI, Guaraciaba (org.). *Aprender e ensinar com textos didáticos e paradidáticos, vol. 2: A circulação do paradidático no cotidiano escolar*. São Paulo, Cortez, 1997.

WATT, Ian. *A ascensão do romance*. Trad. de Hildegard Feist. São Paulo, Companhia das Letras, 1990.

ZILBERMAN, Regina. "A leitura na escola". In: *Leitura em crise na escola*. Porto Alegre, Mercado Aberto, 1989.

Outras Leituras:

CONVERSANDO COM PROFESSORES

I — Seria interessante a leitura e a indicação para alunos de *O caso da estranha fotografia*, ou de *policiais* juvenis de outros autores. É sempre bom lembrar que, nem sempre, todos os livros de séries mantêm a mesma qualidade do primeiro (embora haja, em contrapartida, muitos casos que funcionam como contra-exemplo: a seqüência aprimora o primeiro). Isso será percebido pelos jovens, na medida em que puderem comparar personagens, estruturas composicionais, motivos, conteúdos temáticos, estilos..., se pouco a pouco forem lendo mais e ampliando o seu universo de expectativas ante o que consideram "livro interessante" (como costumam dizer). A partir daí, poderiam, da mesma forma, ampliar a reflexão sobre características do *policial livresco*. Como ajuda para o professor, a leitura de livros que tratam do gênero policial (ver bibliografia geral, em especial o capítulo "Tipologia do romance policial", de Tzvetan Todorov, encontrada em seu livro *As estruturas narrativas*).

Apenas como um preâmbulo para esse maior aprofundamento, apresentamos uma rápida síntese das características gerais de três linhas mestras seguidas pelos autores do gênero:

Romance policial de enigma

Podemos dizer que seu criador foi Edgar Allan Poe, com os hoje clássicos *Os crimes da rua Morgue*, *O assassinato de Marie Roget* e *A carta roubada*... . O "enigma clássico", entretanto, conheceu sua hora de glória entre as duas guerras. Entre os autores, valeria a pena conhecer Connan Doyle, criador de Sherlock Holmes, e Agatha Christie, considerada uma das escritoras mais lidas no mundo.

O romance de enigma clássico caracteriza-se pela nitidez de duas histórias, ou seja: a história do crime e a história do inquérito. A primeira terminou antes de começar a segunda. Na segunda, as personagens geralmente não agem, mas "descobrem"; nada acontece de grave a elas e o "detetive" não corre perigo. Geralmente esse detetive é "uma máquina de pensar" e a ação é muito mais "intelectual". As páginas que separam a descoberta do crime da revelação do culpado são consagradas a um lento aprendizado: examina-se indício após indício, pista após pista. No fundo, é ela a "história do livro", pois a primeira — a história do crime — é revelada apenas no final, quando o detetive já a descobriu. Podem-se caracterizar essas duas histórias, dizendo que essa primeira conta o que se passou efetivamente, enquanto a segunda, a do inquérito, explica como o narrador tomou conhecimento dela.

Essas duas "histórias" deslocadas, se considerarmos uma ordem temporal dos acontecimentos, remetem à diferença entre a *história* e a *trama* de uma narrativa qualquer. A história corresponderia à ordem dos fatos como se passaram na vida das personagens; o que se passou na realidade evocada em sua ordem natural, como na vida. A trama, por sua vez, aos processos de que se serve o autor: como ele nos apresenta esses fatos. Muitas vezes temos os resultados antes das causas, começo antes do fim...

Essas noções são importantes: quem sabe possamos explicar muitas das dificuldades que sentem os alunos em geral para fazer o famoso "*resumo do livro*" que leram (tarefa usual pedida pelos professores). Talvez o mais adequado fosse pedir para fazer um rápido resumo da *"história"* e comentar a *trama*. Se forem resumir *o livro*, tenderão a repetir a "desordem intencional" que o autor tramou. A história costuma ser muito simples, não só em romances policiais de enigma. Parece muito mais interessante comentar as *artimanhas* do autor para contá-la: como organizou (ou desorganizou) os fatos?; que estratégias usou para envolver o leitor, neste jogo de esconde-esconde que acaba sendo o romance policial?

Romance policial *negro*:

Surge nos Estados Unidos pouco antes (e sobretudo depois) da segunda guerra mundial, e publicado na França na "série noire".

O romance negro caracteriza-se por fundir as duas histórias ou, por outras palavras, suprime a primeira (a do inquérito) e dá vida à segunda. Não é mais um crime anterior ao momento da narrativa que se conta: a narrativa coincide com a ação; não há história a advinhar; não há mistério no sentido em que ele está presente no romance de enigma. Mas o interesse do leitor não deve diminuir por isso. Há duas formas de interesse completamente diferentes. A primeira pode ser chamada de curiosidade; sua caminhada vai do efeito à causa (um cadáver, por exemplo, motivando a busca das causas). A segunda forma é o suspense (aqui se vai da causa para o efeito): mostram-se, primeiramente, as causas (bandidos se preparando para um golpe, por exemplo) e nosso interesse é "sustentado" pela espera do que vai acontecer, isto é, pelos efeitos (cadáveres, crimes, dificuldades). A segunda história (a do presente) geralmente é a que interessa aos autores, uma vez que o interesse são os temas que tais romances querem abordar: a violência, a imoralidade, o crime sórdido, a amoralidade das personagens. O mistério não ocupa o lugar central; o detetive não se caracteriza por ser uma máquina pensante (erra, corre perigo).

Para professores de séries mais avançadas, valeria a leitura de alguns autores clássicos do "noir", que se desenvolveram muito ligados à indústria cinematográfica, na década de

1940. Entre eles, Dashiell Hammett, o pai do detetive moderno, *O falcão maltês* transposto para o cinema com o título *A herança macabra*, com o ator Humphrey Bogart que se popularizou como "estrela" de muitos dos filmes da série (ver vídeo). E Raymond Chandler, criador do detetive durão, mas sentimental — Marlowe.

Lidos e vistos hoje, os livros e filmes naquela época considerados violentos, parecem-nos até ingênuos.

Romance policial de suspense

Da mescla das duas formas — enigma e negro — surge uma terceira que atualmente parece dominar o gênero, tanto em livros (principalmente livros juvenis) quanto em filmes.

Do "enigma", o romance de suspense conserva o mistério e as duas histórias, a do passado e a do presente; mas recusa-se a reduzir a segunda a uma simples detecção da verdade. Como no romance negro, é essa segunda história (a do presente) que toma o lugar central. O leitor está interessado não só no que aconteceu, mas também no que acontecerá mais tarde. Os dois tipos de interesse acham-se, pois, reunidos: existe a curiosidade de saber como se explicam os acontecimentos já passados; e há também o suspense: que vai acontecer às personagens centrais? Essas personagens, geralmente, gozam de imunidade no romance de enigma. Aqui, elas arriscam constantemente a vida. O mistério tem uma função diferente daquela que tinha no enigma: é o ponto de partida e o interesse vem da segunda história, a que se desenvolve no presente.

Portanto, o que sobressai é a ação, com o "intelecto" de pano de fundo. Nada mais fundamental para manter o leitor "em suspenso", ou seja, "pindurado" e querendo ir à frente na leitura (ou no filme, ou na novela de televisão)...

II — Para conhecer um jogo que tem interessado jovens e adultos, ler o texto de Kazuko Kojima Higuchi sobre **RPG** (Role Playing Game, *RPG: o resgate da história e do narrador*). A autora estuda o RPG, jogo (proposto como jogo de fato), diversão, brinquedo. "Neste jogo, os participantes são envolvidos por um narrador denominado mestre que tem como função mantê-los enredados na história. Como a própria designação indica, o mestre... é experiente conhecedor das regras e de muitas histórias e as vai relatando, estimulando a participação dos demais ... oferecendo nuanças e ritmos variados, adequando-as ao grupo. A participação nesse jogo de representação é sempre única, singular, pela existência de muitas variáveis: a história não está acabada, o desempenho do narrador e as escolhas dos demais participantes interferem no seu encadeamento. Ao contrário da narrativa tradicional, a aventura de RPG é um esqueleto, um esquema sobre o qual mestre e jogadores desenvolvem sua própria história... O jogo não é totalmente livre, sendo regido por algumas regras básicas, principalmente a coerência à personagem escolhida e ao mundo estabelecido." (HIGUCHI, Kazuko Kojima. Op. cit., p. 177)

III — **Verossimilhança** é um conceito que pode ser explorado constantemente. O termo *verdade*, quando usado com referência a obras de arte ou de ficção, tem significado diverso: designa não o que aconteceu, mas o que poderia ter acontecido; a coerência interna no que tange ao mundo imaginário das personagens e situações... O texto, o filme, a peça teatral têm poder de convicção, pelos elementos dados internamente à obra apresentada ao leitor, espectador, telespectador... Verossimilhança é, assim, a impressão de verdade que a ficção provoca, geralmente pelo respeito a normas do gênero e pela coerência interna das obras.

A partir de uma discussão sobre o que é verossimilhança, poderiam ser feitas discussões de novelas, filmes: muitos finais de novelas são inverossímeis. Por exemplo: uma personagem X teve um caráter tal em quase todos os capítulos, e, no final, sem que tenham sido dados motivos para que o telespectador tenha elementos para acompanhar a transformação, toma uma atitude incoerente com o seu "caráter". Outro exemplo, bastante usual: soluções fantásticas resolvem a trama em histórias que se desenvolveram criando uma ilusão de realidade...

Essas discussões podem ser feitas, relembrando contos de fadas. Embora saibamos que na realidade fadas não existem, contos de fada são verossímeis. Mortos vivos, em histórias de terror, fazem parte de *acordos* como o do conto de fadas: estamos no que se acostumou chamar de *gênero maravilhoso*. Mas temos de buscar, também aí, a *verossimilhança narrativa*.

IV — A relação de livros juvenis com *clássicos de enigma* é também ótima motivação para saltarem de livros muitas vezes tão facilitados e "pequenos" para outros que exijam um maior fôlego e tempo de atenção. Vemos que tamanho não é problema quando há interesse (a série Harry Porter, lançada em 2000, no Brasil, está alcançando muito sucesso e seus livros não são tão *apequenados*...) A dupla *detetive-amigo* fez (e faz) história. Se observarmos os filmes em série, diariamente veiculados pela TV, lá encontraremos a duplinha. Quantos de nós não nos divertimos com a série *Máquina mortífera* e outras semelhantes? Por que não discutirmos suas qualidades e defeitos, não só do ponto de vista da temática, dos valores implícitos em filmes de séries conhecidas, mas também em sua linguagem e em seus apelos (que trazem valores implícitos, pois são modos de dizer). Caberia aos professores de linguagem favorecer aos seus alunos a percepção do quanto os não ditos dizem, e como são carregados de valores... Há séries e séries; e filmes inseridos em séries também carregam em si a história dos gêneros a que pertencem.

V — A questão da *tradução e/ou adaptação* merece ser discutida entre os professores e com jovens. Afinal, é bom que também eles entrem em contato com os mecanismos de produção dos textos que lêem.

Entre as publicações atuais vemos, com otimismo, muitas adaptações de clássicos da literatura dedicadas ao público infantil e juvenil, elaboradas por adaptadores bastante competentes. Alguns discutem a validade desse tipo de publicações, por entenderem que dariam uma imagem falsa dos livros originais. Outros dizem que boas adaptações, se não substituem os originais, certamente não chegam a distorcê-los por captarem seus valores. É importante saber que os clássicos foram escritos para leitores de outros tempos. Um exemplo:

o livro *Frankenstein*, de Mary Shelley, escrito em 1818. Não havia cinema, vídeo ou televisão; as longas descrições de espaço e personagens provavelmente tinham a função de oferecer ao leitor elementos suficientes para a formação de imagens. O descritivo, junto com os trechos de digressão filosófica, correspondiam também aos modos específicos de compor e apreciar — naquele momento — uma obra de questionamento: "o livro de Mary Shelley, com a história da criatura sem lugar e sem par no mundo dos homens, revoltada por isso contra seu criador, trazia uma reflexão de ordem filosófica, ética e estética, cuja expressão muitas vezes depende de elementos contidos nas descrições. Assim, as boas adaptações, em filmes ou livros, têm de respeitar as características gerais do livro, para não transformá-lo em mais uma história de terror sem categoria, eliminando todo o componente ético e estético. (CAMPOS, Cláudia Arruda & SOUZA, Maria Lúcia Zoega de. "Adolescentes e livros, a mediação da escola". In: DIETZSCH, Mary Julia Martins (org.). *Espaços da linguagem na Educação*. São Paulo, Humanitas, 1999).

Assim, deve ocorrer com adaptações para o cinema. O filme (linguagem diferente) não pode "reproduzir" a linguagem textual. Mas pode captar os valores do original.

Outro exemplo: por que não ler (já que o tema aqui é aventura) e sugerir a leitura de adaptações da *Ilíada* e da *Odisséia*? Seria muito esperar que um jovem as lesse em verso numa tradução do original. Ao conhecer, pelo menos a *história*, poderia incluir no seu imaginário as tão referidas façanhas de Aquiles e de Ulisses. Essas histórias estão nas tramas da nossa cultura.

Mostrar trechos de "*originais*", contrapondo-os a trechos *adaptados*, para que se percebam os problemas que esta questão adaptação e/ou tradução carrega é uma atividade bastante enriquecedora, tanto quanto são enriquecedoras as discussões sobre filmes adaptados de livros e vice-versa.

VI — É importante lembrar que várias editoras vêm aumentando o lançamento de livros *catalogados* como literatura juvenil, e que não foram "*especialmente escritos para jovens*". São, principalmente, *coletâneas de crônicas, contos, novelas selecionadas da literatura geral* como adequadas para a leitura de jovens. Com isso, vemos aumentar o leque de possibilidades de escolha... As editoras cumprem aqui um papel de *mediador* mais positivo do que o que vimos comentando neste livro.

VII — A questão *ficção/realidade* é um tópico que merece ser constantemente discutido. Em relação ao tema *violência* valeria a leitura de outros livros, semelhantes ao de Caco Barcelos. Seu livro *Rota 66* tem proporcionado discussões não só a respeito da temática *violência*: o autor levanta questões sobre a linguagem dos meios de comunicação; sobre a responsabilidade de quem transmite, comenta ou analisa fatos por meio de textos (escritos e orais). Assim, também, valeria a discussão de filmes e documentários, sempre com a preocupação de que sejam discutidas histórias e assuntos não separados da maneira com que são apresentados, isto é, da "linguagem" que os veicula... Relacionar essas leituras de textos informativos com as de romances, contos e filmes que se organizam como ficção; voltar aos jornais...

No fundo, o professor — ao sugerir textos diferentes e coordenar e mediar discussões sobre eles — estaria apontando aos alunos possibilidades para o desenvolvimento da capacidade que todos temos de estabelecer relações constantes entre fatos, histórias (e estórias) e vida.

VIII — Como um tópico da gramática a ser aproveitado como "instrumento" para o aluno poder observar com mais acuidade alguns dos modos com que autores (por intermédio de seus narradores) nos apresentam personagens, assuntos, cenas (e com isso observar não só o que se diz, mas como se diz), segue uma rápida síntese do que se convencionou chamar de *tipos de discurso* (os modos de citação de *falas* de pessoas e/ou de personagens em textos).

No *discurso direto*, a fala é reproduzida tal qual se pretende que a personagem tenha falado. É como se estivéssemos ouvindo-a falar.

Marcas desse tipo de discurso:

a — um verbo na terceira pessoa (disse; respondeu; sussurrou, interpelou, resmungou, emendou......), geralmente antes, ou depois da fala;

b — geralmente antes da fala há um travessão (muitas vezes o travessão é suprimido e as falas são indicadas apenas por aspas).

Exemplos:

Maria, inquieta, disse para si mesma: — Venha logo, João.

— João, venha logo, pensou Maria, mostrando toda a sua inquietude com a espera.

"Venha logo", disse Maria para si mesma.

No *discurso indireto*, o narrador não reproduz diretamente a fala da personagem, mas usa suas palavras para comunicar o que foi dito de maneira indireta.

Marcas:

a — a fala da personagem vem apresentada por um verbo de fala (ou de dizer), como no discurso direto;

b — o verbo vem separado não por sinais de pontuação, mas por uma partícula introdutória, geralmente as conjunções *que* e *se*.

Ex: Maria estava inquieta. Pediu que ele viesse logo.

No *discurso indireto livre*, não há indicadores muito evidentes dos limites entre a fala do narrador e a fala da personagem, mas percebe-se que o discurso aproxima-se da elaboração da personagem.

Ex: Maria andava inquieta. Ele viria? Não sabia bem o que esperar, nem se deveria ter esperanças...

Exemplar neste tipo de discurso, Graciliano Ramos tem aparecido como um mestre na passagem de um tipo de discurso para outro, principalmente em *Vidas Secas*.

O narrador em terceira pessoa aproxima-se (e aproxima o leitor) das personagens quase sem fala (os nordestinos Fabiano, Sinhá Vitória, os meninos, a cachorrinha Baleia...) *falando* mais do que *como* elas ou *por* elas: estabelece-se em seu texto, imperceptivelmente, uma solidariedade entre narrador e personagem.

Vejamos um trecho que particularmente interessa por mostrar um menino descobrindo um mundo diferente do até então conhecido; um menino que, como Dito e Fumaça, de certa forma perde a sua inocência infantil:

> Ele nunca tinha ouvido falar em inferno. Estranhando a linguagem de sinhá Terta, pediu informações. Sinhá Vitória, distraída, aludiu vagamente a certo lugar ruim demais, e como o filho exigisse uma descrição, encolheu os ombros....O menino foi à sala interrogar o pai... ficou por ali rondando e timidamente arriscou a pergunta. Não obteve resposta, voltou à cozinha, foi pendurar-se à saia da mãe:
>
> — Como é?
>
> Sinhá Vitória falou em espetos quentes e fogueiras.
>
> — A senhora viu?
>
> Aí sinhá Vitória se zangou, achou-o insolente e aplicou-lhe um cocorote...
>
> ... Todos o abandonavam, a cadelinha era o único vivente que lhe mostrava simpatia...
>
> — Inferno, inferno.
>
> Não acreditava que um nome tão bonito servisse para designar coisa ruim. E resolvera discutir ... Sentiu-se fraco e desamparado, olhou os braços magros, os dedos finos, pôs-se a fazer desenhos misteriosos. Para que sinhá Vitória tinha dito aquilo? p. 61.

Esse trecho apresenta-nos um narrador de terceira pessoa que nos faz ver pelos olhos de suas personagens que se caracterizam pela imensa dificuldade de articular o que pensam pela fala. "*Para que sinhá Vitória tinha dito aquilo?*: o narrador não toma a linguagem do *menino mais velho*. Por uma modelar variação dos tipos de discurso, o narrador de Graciliano nos aproxima do menino, deixando-o íntegro em seu modo de ser.

IX — Em relação ao tema *violência* e retomando a nota sobre realidade/ficção valeria a leitura de outros títulos além dos comentados neste livro. Entre esses, *Estação Carandiru* de

Dráuzio Varela que traz a experiência do autor — um médico — no maior presídio do país. O livro foi muito bem recebido pela crítica e pelo público em geral. Diz o autor em sua introdução: "Não é objetivo deste livro denunciar um sistema penal antiquado, apontar soluções para a criminalidade brasileira ou defender direitos humanos de quem quer que seja. Como nos velhos filmes, procuro abrir uma trilha entre os personagens da cadeia: ladrões, estelionatários, traficantes, estupradores, assassinos e o pequeno grupo de funcionários desarmados que toma conta deles. A narrativa será interrompida pelos interlocutores, para que o leitor possa apreciar-lhes a fluência da linguagem, as figuras de estilo e as gírias que mais tarde ganham as ruas..." (ver bibliografia geral).

Na atual ficção brasileira sem-idade valeria conhecer Rubem Fonseca (*Feliz ano velho, A grande Arte* ...) e Patrícia Melo (*O matador, Inferno*) com suas histórias de bandidos... E por que não Guimarães Rosa e seus bandidos...? Matraga (*A hora e a vez de Augusto Matraga*), Famigerado (*Primeiras estórias*). São tantos...

X — Na nota V deste apêndice, falamos de traduções e adaptações. No caso dos *clássicos de aventura*, a leitura de boas adaptações poderia servir, ao mesmo tempo, como estímulo para a vivência das emoções que, como vimos, esses livros comprovadamente provocaram em muitos leitores; como conhecimento de autores que fazem parte de nossa tradição cultural; e como referência para pensarmos a "aventura nos dias de hoje". A título de exemplo, alguns autores e livros: Alexandre Dumas (*O conde de Monte Cristo, Os Mosqueteiros*), assim como Robert Louis Stevenson (*A ilha do tesouro, Raptado*), Melville (*Moby Dick*), Júlio Verne (*A volta ao mundo em oitenta dias, Um capitão de quinze anos, Viagem ao centro da terra*), Jack London (*Caninos brancos, Grito da selva*), H. Rider Haggard (*As minas do rei Salomão, Ella*) e muitos outros.

Vale lembrar que muitas dessas adaptações (e algumas traduções primorosamente cuidadas com ilustrações, fotografias, notas explicativas) estão sendo apresentadas como literatura juvenil, sendo seus livros *catalogados* como tal: aspecto positivo da atual produção editorial *para* jovens.

Para os professores aprofundarem a discussão sobre o tema "aventura", seria interessante a leitura de "As dimensões da aventura" [sobre romance e aventura] e "Por uma literatura brasileira de entretenimento (ou: o mordomo não é o único culpado)" de José Paulo Paes e *A ética da aventura* de Ledo Ivo.

XI — Para conhecer a diferenciação em *personagens redondas e planas* ler *Aspectos do romance* de E. M. Forster (ver bibliografia geral). Para o autor, são consideradas planas as personagens que às vezes chamamos tipos, às vezes caricaturas: "Em sua forma mais pura são construídas ao redor de uma única idéia ou qualidade... Uma grande qualidade das personagens planas é serem reconhecidas com facilidade pelo olho emocional dos leitores, não pelo olho visual, pois este só nota a repetição de um nome próprio" (p. 54). São "pessoas bidimensionais" (p. 58). Quanto à redonda diz: "O teste para a personagem redonda está nela ser capaz de surpreender de modo convincente... possui a incalculabilidade da vida — a vida dentro das páginas de um livro". Um outro livro que mereceria ser lido por quem quiser entender um pouco mais profundamente a questão da personagem ficcional é *A personagem de ficção*. Nele, a parte dedicada à personagem na literatura é escrita por Antonio Candido que retoma a classificação de Forster (ver bibliografia geral).

Outras partes do livro mostram-se como uma excelente ajuda para uma melhor compreensão da personagem no teatro (texto de Décio de Almeida Prado) e no cinema (texto de Paulo Emílio Sales Gomes).

XII — Para continuar contrastando linguagens, por que não conferir a aventura *séries cinematográficas de aventura*, assim como foi sugerido para séries *policiais*? Os três *Indiana Jones*, de forte apelo popular, podem constituir-se como produtivo pólo de discussão. Quando se pedem referências (não apenas entre jovens) para exemplificar o gênero aventura, quase sempre a lembrança recai na série de Spielberg: ação, ação, ação; e mais ação. Mas, também, muita ironia sobre o próprio uso de esquemas fixos.

Vale aqui um *"passeio"* pelo texto "A inovação do seriado" de Umberto Eco (ver bibliografia geral). Segundo o autor, "a estética moderna nos acostumou a reconhecer como 'obras de arte' os objetos que se apresentam como 'únicos' (isto é, não repetíveis) e 'originais'. ...Quando ...se viu diante de obras produzidas pelos meios de comunicação de massa, negou-lhes qualquer valor artístico exatamente porque pareciam repetitivas, construídas de acordo com um modelo sempre igual, de modo a dar a seus destinatários o que eles sempre queriam e esperavam. Definiu-as como objetos produzidos em série ...Diverso é o caso de expressões que 'fingem' ser sempre diferentes para, em vez disso, transmitirem sempre o mesmo conteúdo básico. A presença hoje maciça da série nos meios de comunicação em massa (pensemos, por exemplo, em gênero como a novela, a comédia de situação ou a saga na TV) nos obriga a refletir com uma certa atenção sobre todo o problema (p. 121)".

Eco apresenta uma espécie de tipologia da repetição: a retomada; o decalque; a série; a saga e, por fim, o dialogismo intertextual...

Com a verdadeira série "temos uma situação fixa e um certo número de personagens principais da mesma forma fixos, em torno dos quais giram personagens secundários que mudam, exatamente para dar a impressão de que a história seguinte é diferente da história anterior... Na série, o leitor acredita que desfruta da novidade da história enquanto, de fato, distrai-se seguindo um esquema narrativo constante e fica satisfeito ao encontrar um personagem conhecido, com seus tiques, suas frases feitas, suas técnicas para solucionar problemas... A série, neste sentido, responde à necessidade infantil, mas *nem por isso doentia* (grifo nosso), de ouvir sempre a mesma história, de consolar-se com o retorno do idêntico, superficialmente mascarado. A série consola o leitor porque premia a sua capacidade de prever; ele fica feliz porque se descobre capaz de advinhar o que acontecerá e porque saboreia o retorno do esperado. Satisfazemo-nos porque encontramos o que esperávamos, mas não atribuímos este 'encontro' à estrutura narrativa, e sim à nossa astúcia divinatória..." (p. 124)

Comenta, depois de vasta exemplificação, a *"citação estilística"*, principalmente em textos verbais e filmes:

> um texto cita de modo mais ou menos explícito uma cadência, um episódio, um modo de narrar que imita o texto de outrem. Quando a citação escapa ao leitor e é até mesmo produzida inconscientemente pelo autor, estamos na dinâmica da criação artística: os próprios mestres se repetem. Quando a citação *deve* ser imperceptível para o leitor, e o autor está consciente disso, normalmente estamos diante de um simples caso de *plágio*.
>
> Mais interessante é quando a citação é explícita e consciente: estamos, então, próximos da *paródia* ou da *homenagem* ou, como acontece na literatura e na arte pós-moderna, do jogo irônico sobre a intertextualidade ...
>
> Um procedimento típico ... tem sido muito usado recentemente no âmbito da comunicação de massa: ... Lembremos o assassinato do gigante árabe vestido de preto *em Os caçadores da arca perdida*... O espectador, para usufruir da alusão, deve conhecer os lugares originais (no caso do gigante...o gênero). ...Tendo-se apercebido da citação, o espectador é levado a refletir ironicamente sobre a natureza ...do evento citado e reconhecer o jogo para o qual foi convidado ...O jogo se complica, depois, na retomada *de Os caçadores,* em *Indiana Jones e o templo da perdição*: aqui o herói encontra não um, mas dois inimigos gigantescos. No primeiro caso, o espectador esperava que, de acordo com esquemas clássicos do filme de aventuras, o herói estivesse desarmado e ria quando descobria que este tinha uma pistola e matava facilmente o adversário. No segundo caso, o diretor sabe que o espectador, que já viu o filme anterior, espera que o herói esteja armado e, de fato, Indiana Jones procura logo a pistola. Não a encontra, e o espectador ri, porque fica frustrado nas expectativas que o primeiro filme havia criado" (p. 127).

XIII — Retomamos, aqui, a nota anterior, para continuarmos o *passeio* pelo texto de Umberto Eco. Importa esta retomada uma vez que iluminou muito as reflexões que deram origem a este livro (e tem sido referencial na definição de critérios para o *trabalho* de seleção de textos para o *trabalho em escola*). Diz ele que "todo texto pressupõe e constrói um duplo *Leitor-Modelo"*. O leitor de primeiro nível é vítima das estratégias do autor que o conduz, passo a passo, ao longo de uma série de previsões e expectativas. O outro (o de segundo nível) avalia a obra como produto estético e se empolga não tanto com o retorno do mesmo (o que o leitor ingênuo acredita ser novidade), mas com as estratégias das variações postas em ação sobre o texto. Dizendo de outra forma: pelo modo com que o mesmo original é elaborado para fazê-lo parecer diferente. Esse jogo com variações é obviamente encorajado pelas séries mais sofisticadas que levam em consideração as diversas graduações do *contrato de leitura* entre texto e leitor de segundo nível ou *leitor crítico* (como sendo o oposto de ingênuo).

Conclui, então, pela evidência de que até o produto narrativo mais banal permite ao leitor constituir-se por decisão autônoma.

Segundo Eco (em outro ensaio do mesmo livro, "O texto, o prazer e o consumo") obras mais complexas "requerem e prefiguram leitores de terceiro, quarto, e enésimo nível" (ver bibliografia geral).

Poderíamos dizer, a partir disso, que o leitor se constitui como leitor de segundo nível (ou de nível maior...) a partir de sua própria história de leitura, não importando somente as decisões instituidoras de padrões de gosto. Essas instituições (escola, academia, crítica especializada, indústria da propaganda...) acabarão, sim, parceiras em um jogo aberto de opiniões e julgamento, num fluxo de ida e volta que nos levaria a ver a leitura como algo mais que hábito.

Impressão e acabamento:
GRÁFICA PAYM
Tel. (011) 4392-3344